나는 50문장으로
中国行
중국출장
간다

나는 50문장으로 중국출장 간다

1판 1쇄 인쇄 2009년 3월 24일
1판 1쇄 발행 2009년 4월   1일

지은이 홍상욱

발행인 양원석
부문장 하명란
편집장 박덕희
책임편집 이미정
영업마케팅 정도준, 김성룡, 백준, 박래은, 백창민

펴낸곳 랜덤하우스코리아(주)
주소 서울시 강남구 삼성동 159 오크우드 호텔 별관 B2
편집문의 02-3466-8800
구입문의 02-3466-8955
홈페이지 www.randombooks.co.kr
등록 2004년 1월 15일 제 2-3726호

© 홍상욱. 2009

ISBN 978-89-255-3203-5 (14720)
       978-89-255-3222-6 (14720) (SET)

나는 50문장으로
中国行
중국출장
간다

홍상욱 지음

두앤비컨텐츠

머리말

중국어 때문에 중국출장이 부담된다면,
딱 50문장만 외워서 갑시다!

중국어를 할 수 있으면 세계인구의 1/3과 대화를 나눌 수 있다는 말이 있습니다. 게다가 요즘 중국은 무섭게 크고 있습니다. 잠깐 해외뉴스에 관심을 갖고 들어봐도 중국이 세계경제에 미치는 영향은 실로 엄청나죠. 그만큼 우리도 중국과의 무역이 많이 늘고, 중국으로 출장을 가게 되거나 중국어를 사용할 일이 많아지게 된 것 같습니다.

하지만 막상 비즈니스 시에 필요한 중국어를 너무 어렵게만 생각한 나머지, 뭔가 거창하게 배워서 완벽한 회화를 구사하려고 하는 분들이 적지 않습니다. 특히 비즈니스 중국어는 도대체 어디서부터 어떻게 시작해야 할 지 막막해 하는 분들도 많이 봐 왔습니다. 하지만 비즈니스에서 사용되는 중국어는 상당히 제한적이며, 어렵고 완벽한 문장이 아니라 정말 꼭 필요한 중국어 문장을 제대로 말할 수 있으면 중국인들에게도 좋은 인상을 줄 수 있습니다.

이 책에서는 중국 현지인들과의 무역 거래 및 출장 시 쓸 수 있는 꼭 필요한 표현 50가지를 뽑아, 가장 많이 쓰는 비즈니스 어휘를 포함한 연습 문장들과 함께 실전에서 바로 쓸 수 있도록 구성했습니다. 시간은 없고 마음은 급한데, 비즈니스 중국어를 꼭 익혀야 하는 분들에게는 최소의 시간만을 들여 최고의 효과를 내는 책이 될 것입니다.

중국어 때문에 중국 출장이나 중국인들과의 거래가 부담된다면 이 책으로 단시간에 필수표현들을 익혀 소중한 비즈니스 기회를 제대로 살리는 데 도움이 되었으면 합니다.

2009년 봄, 수탉선생 홍상욱

•이 책의 구성과 특징

이 책은 단 50 문장으로 출국부터 계약까지 끝낼 수 있도록 만든 비즈니스 기초 중국어 회화책으로, 다음과 같이 구성되어 있습니다.

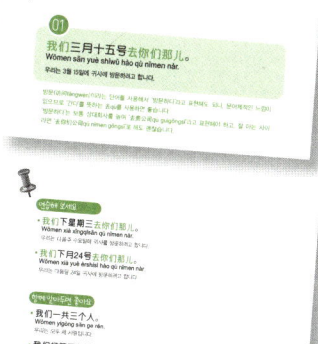

● 주요 문장

주요 50문장을 선별해서 각 페이지의 상단에 배치했습니다. 각 상황에 맞는 응용표현을 만드는 데 기본이 되는 중요한 문장이므로 꼭 외워두고 써 볼 수 있도록 합니다.

● 연습해 보세요 & 함께 알아두면 좋아요

〈연습해 보세요〉 코너에서 주요 문장의 구조를 익히고, 〈함께 알아두면 좋아요〉에서 비즈니스 어휘 및 표현을 확장시켜 공부합니다.

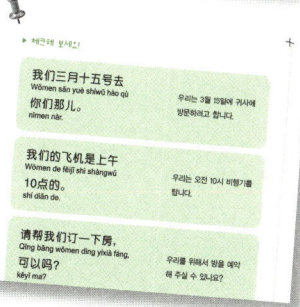

● 실전연습

앞에서 배운 주요 문장 및 응용표현을 대화형식으로 꾸며, 실전에서도 자연스럽게 사용할 수 있도록 구성했습니다.

● 체크해 보세요

주요문장 50개를 언제든 꺼내 볼 수 있도록 요약해서 실었습니다. 점선을 따라 오려 휴대하면 중요한 출장길에 유용하게 쓸 수 있습니다.

목차

 Part 1 | **출국** | 공항, 거래처 연락, 호텔 체크인 등 | 10

01 我们三月十五号去你们那儿。
우리는 3월 15일에 귀사에 방문하려고 합니다.

02 我们的飞机是上午10点的。
우리는 오전 10시 비행기를 탑니다.

03 请帮我们订一下房，可以吗?
우리를 위해서 방을 예약해 주세요.

04 你们能不能来机场接我们?
공항으로 우리를 마중 나올 수 있나요?

05 我的行李不见了。
내 짐이 보이지 않아요.

06 我想把美元换成人民币。
전 미국달러를 중국인민폐로 바꾸고 싶어요.

07 我现在正在去贵公司的路上，到了就给你们打电话。
전 귀사로 가는 길입니다. 도착하면 전화드릴게요.

08 师傅，请去宾国大酒店。
기사님, 빈국호텔로 가 주세요.

09 怎么快怎么走吧。
제일 빠른 길로 가 주세요(택시나 승용차 탑승 시)

10 请问，韩国大使馆在哪儿?
말씀 좀 묻겠습니다. 한국대사관이 어디인가요?

 Part 2 | **거래처 직원 미팅** | 어색함을 풀기 위한 표현, 거래처 방문 인사 등 | 24

11 认识您很高兴。
만나서 반갑습니다.

12 您是龙江公司的职员吗?
당신은 롱장 회사의 직원입니까?

13 不好意思，能给我一张您的名片吗？
실례합니다만, 저에게 명함 한 장 주실 수 있습니까?

14 王老板他好吗？
왕사장님은 안녕하신지요?

15 到公司要多长时间？
회사까지 얼마나 걸립니까?

Part 3　회의 전반 | 완곡한 찬성 및 거절, 품질 및 가격 협상, 배송 요구사항 등 | 34

16 对不起，我来晚了，路上堵车堵得很厉害。
죄송합니다. 차가 너무 밀려 늦었습니다.

17 我们现在正在开会。
우리는 지금 회의중입니다.

18 对不起，我的汉语不太好，请说慢一点儿。
죄송합니다, 제 중국어 실력이 좋지 않으니, 천천히 말씀해 주세요.

19 向您介绍一下，我们公司是国内最有名的电子公司之一。
당신에게 소개해 드리지요. 우리는 국내에서 가장 유명한 전자 회사중의 한 곳입니다.

20 我们的产品有极好的品质，价格也非常适中。
우리 물건은 품질이 좋은 것은 물론이고 가격도 적당합니다.

21 我们的主打产品是电子产品。
우리의 주력상품은 전자제품입니다.

22 这是新商品。
이것은 신상품입니다.

23 我们能不能到车间看看？
작업장을 좀 볼 수 있을까요?

24 请贵公司报价。
귀사의 견적서를 원합니다.

25 我们要一半儿红色的，一半儿蓝色的。
절반은 빨간색, 절반은 파란색을 원합니다.

26 一个集装箱能装多少？
컨테이너 하나에 몇 개를 실을 수 있나요?

27 如果我们要10,000 个是什么价?
만 개를 주문하면 가격이 어떻게 됩니까?

28 我保证付款不会迟于4月底。
4월말까지 결제하는 것을 보장합니다.

29 怎么付款?
어떤 방식으로 결제할까요?

30 一个大概500块钱。
대략 한 개에 500위안 정도입니다.

31 什么时候能发货?
언제 물건을 보낼 수 있습니까?

32 请尽快寄给我们样品。
가능한 한 빨리 샘플을 보내주세요.

33 怎么赔偿损失?
어떻게 손해 배상을 할 건가요?

34 我公司不能接受贵公司的要求。
우리 회사는 귀사의 요구를 받아들일 수 없습니다.

35 希望我们合作愉快。
좋은 거래가 되길 바랍니다.

 Part 4 **회식** | 분위기를 살리는 가벼운 대화 등 | 62

36 您先请。
먼저 드세요.(차에 먼저 타거나 음식을 먼저 권할 때)

37 我们先去吃饭吧。
우리 먼저 식사를 하러 가지요!

38 吃什么你决定吧。
뭘 먹을지 당신이 정해주세요.

39 我不会喝酒，能不能以茶代酒?
전 술을 못 마시는데 차로 대신하면 안 될까요?

40 辣的没问题，我来尝尝。
매운 것은 괜찮습니다. 한 번 맛 볼까요.

41 这个怎么用?
이것은 어떻게 사용하나요?

42 这儿有什么好玩儿的地方?
여기 볼만한 곳이 어디인가요?

43 这儿是一个很漂亮的地方。
이 곳은 정말로 아름다운 곳이네요.

44 我能见一下你们的总经理吗?
제가 귀사의 사장님을 뵐 수 있을까요?

45 明天早上8点在饭店大厅等您。
내일 아침 8시에 호텔 로비에서 기다리겠습니다.

Part 5 **귀국** | 감사 인사, 호텔 체크아웃 및 비상시 질문 등 | 76

46 我要退房。
체크아웃을 하려고 합니다.

47 这附近有医院吗?
이 근처에 병원이 있나요?

48 在哪儿可以坐机场大巴?
어디서 공항버스를 타나요?

49 这两天谢谢你们的关照。
요며칠 여러분들의 호의에 감사드립니다.

50 希望你们有时间来韩国玩儿。
시간나면 한국에 놀러오시기를 바랍니다.

체크해 보세요! | 86

*이 책은요!
• 주요문장은 내용에 따라 분류 되었으므로 (예) 가격협상, 품질, 감사 인사 등)
  문형이 중복될 수 있습니다.
• 간혹 서체에 따라 달라보이는 한자가 있을 수 있으나, 한자가 틀린 것이 아니
  므로 양해바랍니다.
  예 起/起 没/沒 免/兔 등

출국에서부터 중국 도착, 호텔에 가기까지 필요한 표현들을 배웁니다. 출장 시 상대 거래처에 본인 및 일행이 도착하는 시간을 미리 알리는 표현도 익힙니다.

PART

1

출국

| 공항, 거래처 연락, 호텔 체크인 등 |

我们三月十五号去你们那儿。

Wǒmen sān yuè shíwǔ hào qù nǐmen nàr.

우리는 3월 15일에 귀사에 방문하려고 합니다.

방문(访问fǎngwèn)이라는 단어를 사용해서 '방문하다'라고 표현해도 되나, 문어체적인 느낌이 있으므로 '간다'를 뜻하는 去qù를 사용하면 좋습니다.

'방문하다'는 보통 상대회사를 높여 '去贵公司qù guìgōngsī'라고 표현해야 하고, 잘 아는 사이라면 '去你们公司qù nǐmen gōngsī'로 해도 괜찮습니다.

연습해 보세요

- 我们下星期三去你们那儿。
  Wǒmen xià xīngqīsān qù nǐmen nàr.
  우리는 다음주 수요일에 귀사를 방문하려고 합니다.

- 我们下月24号去你们那儿。
  Wǒmen xià yuè èrshísì hào qù nǐmen nàr.
  우리는 다음달 24일 귀사에 방문하려고 합니다.

함께 알아두면 좋아요

- 我们一共三个人。
  Wǒmen yígòng sān ge rén.
  우리는 모두 세 사람입니다.

- 我们打算下星期过去, 星期几好呢?
  Wǒmen dǎsuan xià xīngqī guòqù, xīngqī jǐ hǎo ne?
  우리는 다음 주에 가려고 하는데 무슨 요일이 좋을까요?

- 这个月去不了, 下个月去怎么样?
  Zhè ge yuè qù bu liǎo, xià ge yuè qù zěnmeyàng?
  이번 달엔 갈 수 없는데, 다음 달은 어떠세요?

어휘

下(个)星期 xià (ge) xīngqī 다음 주   下(个)月 xià (ge) yuè 다음 달   一共 yígòng 모두
打算 dǎsuan ~하려고 한다, ~할 예정이다   去不了 qù bu liǎo 갈 수 없다

我们的飞机是上午10点的。

Wǒmen de fēijī shì shàngwǔ shí diǎn de.

우리는 오전 10시 비행기를 탑니다.

시간을 말할 때 오전과 오후를 간혹 잘못 발음해서 상대가 잘못 알아들을 수 있습니다. 이럴 땐 팩스, 이메일 등을 보내거나, 오후 6시의 경우 18시로 말하면 정확하게 전달할 수 있겠죠. 처음 만나는 상황에서 시간 전달이 잘못되어 본의 아니게 실례를 하게 되는 경우가 종종 있습니다. 유의하세요!

연습해 보세요

- 我们的火车是下午两点十分的。
  Wǒmen de huǒchē shì xiàwǔ liǎng diǎn shí fēn de.
  우리는 오후 2시 10분 기차를 탑니다.

- 我们的船是明天晚上八点二十分出发的。
  Wǒmen de chuán shì míngtiān wǎnshang bā diǎn èrshí fēn chūfā de.
  우리는 내일 저녁 8시 20분에 출발하는 배를 탑니다.

함께 알아두면 좋아요

- 我们坐韩国航空公司的KR246次航班。
  Wǒmen zuò Hánguó Hángkōng Gōngsī de KR246cì hángbān.
  우리는 한국항공회사의 KR246 항공기를 탑니다.

- 到北京机场大概是北京时间11点。
  Dào Běijīng Jīchǎng dàgài shì Běijīng shíjiān shíyī diǎn.
  북경공항에 대략 북경시간 11시에 도착합니다.

- 韩国时间比北京时间快一个小时。
  Hánguó shíjiān bǐ Běijīng shíjiān kuài yí ge xiǎoshí.
  한국시간이 베이징 시간보다 1시간 빠릅니다.

어휘

上午 shàngwǔ 오전	下午 xiàwǔ 오후	晚上 wǎnshang 저녁	火车 huǒchē 기차	船 chuán 배
航班 hángbān 항편	大概 dàgài 대략	比 bǐ ~보다	快 kuài 빠르다	小时 xiǎoshí 시간

请帮我们订一下房，可以吗?
Qǐng bāng wǒmen dìng yíxià fáng, kěyǐ ma?

우리를 위해서 방을 예약해 주실 수 있나요?

문장의 마지막의 '可以吗 kěyǐ ma'는 생략해도 문장의 뜻엔 크게 차이가 없습니다. 하지만 이 말을 붙여줌으로써 상당히 공손한 표현이 됩니다. 우리말을 번역하는 습관만을 가지게 되면 이런 말들을 빼놓는 경우가 많습니다. 누군가에게 부탁을 할 땐 문장 마지막에 **可以吗**를 붙이는 것, 기억해 두세요.

연습해 보세요

• **请帮我们订2张机票，可以吗?**
Qǐng bāng wǒmen dìng liǎng zhāng jīpiào, kěyǐ ma?
우리를 위해서 비행기표 두 장을 예약해 주실 수 있나요?

• **请帮我们打扫一下房间，可以吗?**
Qǐng bāng wǒmen dǎsǎo yíxià fángjiān, kěyǐ ma?
우리를 위해서 방을 청소해 주시겠어요?

함께 알아두면 좋아요

• **要一个单人间和一个双人间。**
Yào yí ge dānrénjiān hé yí ge shuāngrénjiān.
1인실 하나와 2인실 하나를 원합니다.

• **不要订太豪华的饭店。**
Búyào dìng tài háohuá de fàndiàn.
너무 비싼 고급호텔로 예약하지 마세요.

• **我要住离贵公司最近的饭店。**
Wǒ yào zhù lí guìgōngsī zuìjìn de fàndiàn.
전 귀사에서 가장 가까운 호텔에 묵고 싶습니다.

어휘

帮 bāng 돕다　　打扫 dǎsǎo 청소하다　　房间 fángjiān 방　　单人间 dānrénjiān 1인실
和 hé 과, 와　　双人间 shuāngrénjiān 2인실　　不要 búyào ~하지 마세요　　豪华 háohuá 화려하다
饭店 fàndiàn 호텔　　住 zhù 묵다　　离 lí ~로부터　　贵公司 guìgōngsī 귀사

你们能不能来机场接我们?

Nǐmen néng bu néng lái jīchǎng jiē wǒmen?

공항으로 우리를 마중 나올 수 있나요?

중국어에서 상대에게 공손하게 부탁을 할 경우에 여러 가지 표현을 쓸 수 있지만, 그 중에서 대표적인 것 중 하나가 바로 문장의 앞부분에 '能不能 néng bu néng'을 쓰는 것입니다. 음식점이나 비행기 등에서 간단한 음료 서비스를 받을 때에도 그냥 달라고 하지 마시고, '能不能给我~? Néng bu néng gěi wǒ?(저에게 ~를 주실 수 있나요?)'와 같은 표현을 써 보는 것도 좋습니다.

연습해 보세요

• **你们能不能**来车站接我们?
Nǐmen néng bu néng lái chēzhàn jiē wǒmen?
정류장으로 우리를 마중 나올 수 있나요?

• **你们能不能**送我们去机场?
Nǐmen néng bu néng sòng wǒmen qù jīchǎng?
우리를 공항까지 데려다 줄 수 있나요?

함께 알아두면 좋아요

• 不用来接我, 我自己可以过去。
Búyòng lái jiē wǒ, wǒ zìjǐ kěyǐ guòqù.
마중 나오지 마세요, 저 혼자 가도 됩니다.

• 您很忙, 来一趟机场也太浪费时间。
Nín hěn máng, lái yí tàng jīchǎng yě tài làngfèi shíjiān.
바쁘시잖아요, 공항에 한 번 오는 것도 시간 낭비예요.

• 到了机场给您打电话。
Dàole jīchǎng gěi nín dǎ diànhuà.
공항에 도착하면 전화 드릴게요.

어휘

车站 chēzhàn 정류장   接 jiē 마중하다   机场 jīchǎng 공항   不用 búyòng ~할 필요없다
自己 zìjǐ 직접, 스스로   一趟 yí tàng 한 번   浪费 làngfèi 낭비하다   打电话 dǎ diànhuà 전화하다

我的**行李**不见了。
Wǒ de xíngli bú jiàn le.

내 짐이 보이지 않아요.

공항에 도착해서 말도 잘 통하지 않는데 짐이 보이지 않으면 상당히 난감합니다. 짐이 보이지 않으면 우선 '不见了 bú jiàn le'라고 하시고 확실히 짐을 잃어버린 것 같으면 '丢了 diū le'라고 하세요. 사실은 두 표현이 비슷하다고 생각하는 분들도 있으나 다른 말입니다. 간혹 조금 느긋한 성격의 중국인들에 의해서 늦게 나오는 경우가 있으니, 너무 조급해하지 마세요.

연습해 보세요

- 我的**护照**不见了。
  Wǒ de hùzhào bú jiàn le.
  제 여권이 보이지 않아요.

- 我的**飞机票**不见了。
  Wǒ de fēijīpiào bú jiàn le.
  제 비행기표가 보이지 않아요.

함께 알아두면 좋아요

- 对不起，您的包跟我的包很像。
  Duìbuqǐ,　nín de bāo gēn wǒ de bāo hěn xiàng.
  실례지만, 당신의 가방이 제 것과 비슷하게 생겼네요.

- 请您仔细看看，这确实是我的包。
  Qǐng nín zǐxì kànkan,　zhè quèshí shì wǒ de bāo.
  자세히 보세요. 이것은 확실히 제 가방입니다.

- 行李票好像丢了。
  Xínglipiào hǎoxiàng diū le.
  짐표를 잃어버린 것 같아요.

어휘

护照 hùzhào 여권　　飞机票 fēijīpiào 비행기표　　包 bāo 가방　　像 xiàng 비슷하다
仔细 zǐxì 자세히　　确实 quèshí 확실히　　行李票 xínglipiào 짐표　　好像 hǎoxiàng 아마도~일 것이다

我想把美元换成人民币。
Wǒ xiǎng bǎ Měiyuán huànchéng Rénmínbì.

전 미국달러를 중국인민폐로 바꾸고 싶어요.

중국엔 자주 안 가니까 돈이 남으면 낭비라고 생각해서 미국달러를 여전히 선호하는 분들에게 인민폐를 가지고 계시는 것이 더욱 나을 것이라고 추천합니다. 최근엔 중국 인민폐를 조금씩 사 모으는 분들도 계시다고 합니다.

'把 bǎ'가 나오는 문장은 중국어 기본 문장(술어+목적어)과는 다른 어순이 됩니다. '把+목적어 +술어'로 바뀌기 때문이죠.

연습해 보세요

• **我想把韩币换成日元。**
  Wǒ xiǎng bǎ Hánbì huànchéng Rìyuán.
  난 한국돈을 일본돈으로 바꾸고 싶어요.

• **我想把英镑换成欧元。**
  Wǒ xiǎng bǎ Yīngbàng huànchéng Ōuyuán.
  난 영국돈을 유로화로 바꾸고 싶어요.

함께 알아두면 좋아요

• **这附近有沒有工商银行？**
  Zhè fùjìn yǒu méiyǒu Gōngshāng Yínháng?
  이 근처에 공상은행이 있나요?

• **我要一百块的人民币。**
  Wǒ yào yìbǎi kuài de Rénmínbì.
  전 백위안짜리 인민폐를 원해요.

• **请问，这附近哪儿可以换钱？**
  Qǐngwèn, zhè fùjìn nǎr kěyǐ huàn qián?
  말씀 좀 묻겠습니다. 이 부근에 환전할 곳이 있나요?

어휘

韩币 Hánbì 한국돈   日元 Rìyuán 일본엔화   英镑 Yīngbàng 영국 파운드   欧元 Ōuyuán 유로화
有沒有? Yǒu méiyǒu? 있어요, 없어요?   工商银行 Gōngshāng Yínháng 공상은행
一百块 yìbǎi kuài 100위안(100元)   请问 qǐngwèn 말씀 좀 묻겠습니다   附近 fùjìn 부근

我现在正在去贵公司的路上，到了就给你们打电话。
Wǒ xiànzài zhèngzài qù guìgōngsī de lù shang, dàole jiù gěi nǐmen dǎ diànhuà.

전 지금 귀사로 가는 길입니다, 도착하면 전화드릴게요.

중국어 문법에서 가장 애매하다고 하는 것 중 하나가 시제 부분입니다. '正在 zhèngzài'는 현재 진행형입니다. 하지만 이것이 빠지고 동사만 있어도 현재진행형으로 해석되는 경우가 있습니다. 중국어 실력이 늘면 저절로 익혀지는 습관적인 표현이므로 일단 가볍게 외워두세요.

연습해 보세요

• 我现在正在飞机上，下了飞机就给你们打电话。
Wǒ xiànzài zhèngzài fēijī shang, xiàle fēijī jiù gěi nǐmen dǎ diànhuà.
전 지금 비행기에 있어요, 내려서 전화드릴게요.

• 我现在正在开会，会议结束后就给你们打电话。
Wǒ xiànzài zhèngzài kāihuì, huìyì jiéshù hòu jiù gěi nǐmen dǎ diànhuà.
전 지금 회의중이예요, 회의가 끝나면 전화드릴게요.

함께 알아두면 좋아요

• 对不起，我打错电话了。
Duìbuqǐ, wǒ dǎcuò diànhuà le.
죄송합니다, 전화 잘못 걸었습니다.

• 你好，我现在正在贵公司楼下的大厅。
Nǐ hǎo, wǒ xiànzài zhèngzài guìgōngsī lóuxià de dàtīng.
안녕하세요, 전 지금 귀사 아래층의 로비에 있습니다.

• 堵车堵得厉害，我可能晚一点儿到。
Dǔ chē dǔ de lìhai, wǒ kěnéng wǎn yìdiǎnr dào.
차가 심하게 막혀서 아마도 조금 늦게 도착할 거 같습니다.

어휘

下 xià 내리다   会议 huìyì 회의   结束 jiéshù 끝나다   后 hòu 후에
打错电话 dǎcuò diànhuà 전화를 잘못 걸다   楼下 lóuxià 아래층   大厅 dàtīng 로비
堵车 dǔ chē 차가 막히다   厉害 lìhai 심하다, 대단하다   可能 kěnéng 아마도   晚 wǎn 늦다

师傅，请去宾国大酒店。
Shīfu, Qǐng qù Bīnguó Dàjiǔdiàn.

기사님, 빈국호텔로 가 주세요.

중국에서 가서서 다양한 호텔 이름에 대해서 의문이 생기기도 합니다. 대표적으로 알고 있는 반점(饭店 fàndiàn)이란 명칭부터 '宾馆 bīnguǎn, 酒店 jiǔdiàn, 大饭店 dàfàndiàn, 大酒店 dàjiǔdiàn, 招待所 zhāodàisuǒ' 등등 다양하게 부르는데요, 어떤 분은 호텔의 급수를 말하는 것이라고 하는데 이것은 올바르지 않습니다. 호텔의 급수는 호텔에 들어가는 별의 개수로 표시하는 것이고요. 반점이나 주점이나 빈관은 그저 같은 호텔입니다.

연습해 보세요

• **师傅，请往右拐。**
  Shīfu, qǐng wǎng yòu guǎi.
  기사님, 우회전 해 주세요.

• **师傅，请按名片上的地址走。**
  Shīfu, qǐng àn míngpiàn shang de dìzhǐ zǒu.
  기사님, 명함에 있는 주소대로 가 주세요.

함께 알아두면 좋아요

• **这两天天气怎么样?**
  Zhè liǎng tiān tiānqì zěnmeyàng?
  요 며칠 날씨 어때요?

• **最近客人多吗?**
  Zuìjìn kèrén duō ma?
  요즘 손님 많이 있나요?

• **包一天车给多少钱?**
  Bāo yì tiān chē gěi duōshao qián?
  하루동안 차를 빌리면 얼마를 드려야 할까요?

어휘

往 wǎng ~향하여　　右 yòu 오른쪽　　拐 guǎi (방향을) 바꾸다, 틀다　　名片 míngpiàn 명함
地址 dìzhǐ 주소　　这两天 zhè liǎng tiān 요 며칠　　天气 tiānqì 날씨　　怎么样 zěnmeyàng 어때요
最近 zuìjìn 최근　　客人 kèrén 손님　　一天 yì tiān 하루　　包车 bāo chē 차를 렌트하다

怎么快怎么走吧。
Zěnme kuài zěnme zǒu ba.
제일 빠른 길로 가 주세요. (택시나 승용차 탑승 시)

우리나 중국이나 안 좋은 택시기사님(?)들이 있습니다. '어디로 갈까요?'라고 물어보고 나서 요금이 많이 나오는 방향으로 가는 것이죠! 이럴 땐 이런 조금은 난이도가 있는 중국말을 한 번 해주면, 설령 외국인임을 알더라도 이곳이 처음은 아니라고 생각해서 함부로 요금을 더 받거나 하지 않을 것입니다.

연습해 보세요

- 怎么方便怎么办吧。
  Zěnme fāngbiàn zěnme bàn ba.
  편리한대로 처리해 주세요.

- 你们觉得怎么好就怎么做吧。
  Nǐmen juéde zěnme hǎo jiù zěnme zuò ba.
  좋을대로 하세요.

함께 알아두면 좋아요

- 随便吧。我无所谓。
  Suíbiàn ba. Wǒ wúsuǒwèi.
  원하시는대로 하세요, 전 상관 없어요.

- 走四环比较快吧。
  Zǒu sì huán bǐjiào kuài ba.
  외곽 순환도로가 비교적 빠르죠.

- 我想去好一点儿的韩国餐厅。
  Wǒ xiǎng qù hǎo yìdiǎnr de Hánguó cāntīng.
  전 좀 괜찮은 한국 식당에 가고 싶습니다.

어휘

方便 fāngbiàn 편리하다   办 bàn 처리하다   做 zuò 하다
怎么A怎么B zěnme A zěnme B A대로 B하세요   随便 suíbiàn 마음대로 하다
无所谓 wúsuǒwèi 개의치 않다, 괜찮다   四环 sì huán 북경의 외곽순환도로
比较 bǐjiào 비교적, 비교하다   一点儿 yìdiǎnr 조금   韩国餐厅 Hánguó cāntīng 한국식당

请问，韩国大使馆在哪儿?

Qǐngwèn, Hánguó Dàshǐguǎn zài nǎr?

말씀 좀 묻겠습니다. 한국대사관이 어디인가요?

'请问 qǐngwèn'이란 말은 '실례합니다'라는 의미로도 자주 사용되는 말입니다. 보통 길을 지나갈 때 무언가를 묻기 위해 행인에게 말을 걸때도 유용하게 사용됩니다. 말을 시작하기 전에 부탁이나 미안함의 의미로 정중하게 써 보세요.

연습해 보세요

• **请问，药店在哪儿?**
Qǐngwèn, yàodiàn zài nǎr?
말씀 좀 묻겠습니다. 약국이 어디 있나요?

• **请问，码头在哪儿?**
Qǐngwèn, mǎtou zài nǎr?
말씀 좀 묻겠습니다. 배 타는 곳은 어디인가요?

함께 알아두면 좋아요

• **公用电话在哪儿?**
Gōngyòng diànhuà zài nǎr?
공중전화는 어디 있나요?

• **厕所在哪儿?**
Cèsuǒ zài nǎr?
화장실은 어디 있나요?

• **老板在哪儿?**
Lǎobǎn zài nǎr?
사장님은 어디 계십니까?

어휘

药店 yàodiàn 약국　　码头 mǎtou 부두　　公用电话 gōngyòng diànhuà 공중전화
厕所 cèsuǒ 화장실　　老板 lǎobǎn 사장님

A 我们三月十五号去你们那儿。

Wǒmen sān yuè shíwǔ hào qù nǐmen nàr.

우리는 3월 15일에 귀사에 갑니다.

B 是吗? 你们几个人来呢?

Shì ma? Nǐmen jǐ ge rén lái ne?

그렇습니까? 몇 분이 오시나요?

A 我们一共三个人。

Wǒmen yígòng sān ge rén.

모두 세 사람입니다.

B 请您告诉我几点的飞机和航班号。

Qǐng nín gàosu wǒ jǐ diǎn de fēijī hé hángbānhào.

저에게 비행기 시간과 비행편을 알려주세요.

A 好，麻烦您来机场接我们，好吗?

Hǎo, máfan nín lái jīchǎng jiē wǒmen, hǎo ma?

네, 번거로우시겠지만 공항으로 마중 나와 주실 수 있나요?

一共 yígòng 모두 　告诉 gàosu 알리다 　飞机 fēijī 비행기 　航班号 hángbānhào 비행기편 번호

麻烦 máfan 귀찮게 하다, 번거롭게 하다

비즈니스 TiP

베이징으로 출장 간다면, 사람들의 옷차림에 많이 신경쓰지는 마세요

꼭 베이징 사람이 아니더라도 중국 사람들은 비즈니스 시 옷에 그렇게 크게 신경쓰는 편이 아닙니다. 우리나라나 일본, 미국 등의 경우만 봐도, '비즈니스 수트'라는 말이 따로 있을 정도로 겉으로 보이는 차림새를 깔끔하게 정돈해서 상대방을 만나는 것을 예의라고 생각하지만, 중국 사람들은 그다지 의복에 신경을 많이 쓰지 않는다고 하네요. 따라서 거래서 사장님이 청바지에 티를 입고 나왔다고 해서 회사를 무시한다고 생각하거나 미팅을 중요하게 생각하는 것이 아니라는 오해를 하지 않는 것이 좋습니다. 그냥 편하게 입고 나오신 거니까요.

A 请帮我们订一下房，可以吗？
Qǐng bāng wǒmen dìng yíxià fáng, kěyǐ ma?
우리를 위해서 방을 예약해 주세요.

B 沒问题，您要什么样的？
Méi wèntí, nín yào shénmeyàng de?
문제 없습니다, 당신은 어떤 방을 원하십니까?

A 要一个标准间。离贵公司近点儿的。
Yào yí ge biāozhǔnjiān. Lí guìgōngsī jìn diǎnr de.
표준방 하나면 됩니다. 귀사에서 가까운 곳으로요.

B 还需要什么？
Hái xūyào shénme?
또 필요하신 것 있으십니까?

A 沒有，谢谢您。
Méiyǒu, xièxiè nín.
없습니다. 고맙습니다.

帮 bāng 돕다　订 dìng 예약하다　沒问题 méi wèntí 문제없다　标准间 biāozhǔnjiān 표준방
离 lí ～로부터

핸드폰을 받을 때도 요금을 내니 주의하세요

물론 우리나라에서 출국할 때 로밍을 해서 나간다면 당연히 받을 때도 요금을 냅니다. 하지만 중국 본토에서 전화를 새로 발급받아 사용할 때도 받는 사람도 돈을 냅니다. 거는 사람만 돈을 내는 우리나라와는 다르죠. 이렇게 받는 쪽에서도 요금을 내기 때문에 아무 용무없이 '그냥' 전화하는 일은 되도록 하지 않는 것이 좋습니다. 거래처에 괜한 비용이 발생하게 되면 안 좋은 이미지를 남길 수도 있으니까요.

현지에 도착하여 거래처 직원을 만났을 때, 자연스럽게 얼굴과 이름을 익히고 친근한 이미지를 줄 수 있는 공손한 대화법을 익힙니다.

PART

2

거래처 직원 미팅

| 어색함을 풀기 위한 표현, 거래처 방문 인사 등 |

认识您很高兴。

Rènshi nín hěn gāoxìng.

만나서 반갑습니다.

처음 만나서 하는 인사 중에서 가장 대표적인 말입니다. '认识 rènshi' 대신 '见到 jiàndào'를 넣어서 '见到您很高兴。Jiàndào nín hěn gāoxìng.'이라고 해도 좋습니다. 엄밀하게 따진다면 '认识 rènshi'는 '알다'라는 대표적인 뜻을 가지고 있어서, '만났다'라고 하는 의미의 '见到 jiàndào'를 넣는 것이 '만나서 반갑다'라는 말과 가깝습니다. 물론 이런 말들은 반사적으로 입에서 나올 수 있게 익히는 것이 좋습니다.

연습해 보세요

• **初次见面，请多多关照。**
  Chūcì jiànmiàn, qǐng duōduō guānzhào.
  처음 뵙습니다, 잘 부탁드립니다.

• **和您合作很高兴。**
  Hé nín hézuò hěn gāoxìng.
  당신과 함께 일하게 되어 기쁩니다.

함께 알아두면 좋아요

• **久仰久仰!**
  Jiǔyǎng jiǔyǎng!
  말씀 많이 들었습니다.

• **我怎么称呼您呢?**
  Wǒ zěnme chēnghu nín ne?
  제가 당신을 어떻게 부르면 될까요?

• **您太客气了，叫我小洪吧。**
  Nín tài kèqi le,　jiào wǒ Xiǎo Hóng ba.
  격식을 너무 차리시는 듯 해요, 그냥 절 샤오홍이라고 부르세요.

어휘

初次 chūcì 첫 번째　　见面 jiànmiàn 만나다　　合作 hézuò 같이 일하다
请多多关照 qǐng duōduō guānzhào 잘 부탁드립니다　　久仰 jiǔyǎng 말씀 많이 들었습니다
怎么 zěnme 어떻게　　称呼 chēnghu 부르다, 호칭　　叫 jiào 부르다

您是龙江公司的职员吗?
Nín shì Lóngjiāng Gōngsī de zhíyuán ma?

당신은 롱장 회사의 직원입니까?

흔히들 '您 nín'을 '你 nǐ'의 존경어로 알고 있습니다. 틀린 말은 아니지만 완전히 맞는 것도 아닙니다. 어떤 지역에선 조금 친해지면 '您 nín'이란 단어에 대해서 그다지 호의적이지 않습니다. 상대에 대한 극존칭이 거리감이 느껴진다는 이유에서입니다. 하지만 처음 만나는 사이에선 반드시 '您 nín'을 사용하세요. 나보다 훨씬 아래인 말단 직원 같아 보이더라도 말입니다. 상대를 높이는 것은 내가 높임을 받기 위한 것이 아닐까요?

연습해 보세요

• 您是王经理吗?
Nín shì Wáng jīnglǐ ma?
당신이 왕팀장님이십니까?

• 您是张秘书吗?
Nín shì Zhāng mìshū ma?
당신이 장비서님이십니까?

함께 알아두면 좋아요

• 他是我们公司的经理。
Tā shì wǒmen gōngsī de jīnglǐ.
그는 우리 회사의 팀장(혹은 사장)님이십니다.

• 你是这个公司的正式员工吗?
Nǐ shì zhè ge gōngsī de zhèngshì yuángōng ma?
당신은 이 회사의 정규직 직원입니까?

• 我是代表我们公司到这儿来的。
Wǒ shì dàibiǎo wǒmen gōngsī dào zhèr lái de.
전 우리 회사를 대표해서 여기에 온 것입니다.

어휘

经理 jīnglǐ 팀장, 사장   秘书 mìshū 비서   公司 gōngsī 회사
正式员工 zhèngshì yuángōng 정규직 직원   代表 dàibiǎo 대표하다

13

不好意思，能给我一张您的名片吗？
Bù hǎoyìsi,　　néng gěi wǒ yì zhāng nín de míngpiàn ma?

실례합니다만, 저에게 명함 한 장 주실 수 있습니까?

중국인들의 명함에 있는 직함에 놀라지 마시길 바랍니다. 대체로 직함을 높여 적어 둡니다. 자신의 능력은 그다지 크지 않으나 명함상의 직함엔 대단한 직급 등으로 자신의 능력을 과대포장하는 사람들이 많이 있습니다. 명함이나 겉모습은 말 그대로 겉치레일 뿐입니다.

연습해 보세요

- **不好意思，能给我用一下您的电话吗？**
  Bù hǎoyìsi,　néng gěi wǒ yòng yíxià nín de diànhuà ma?
  실례합니다만, 당신의 전화를 좀 사용할 수 있을까요?

- **不好意思，能给我贵公司的地址吗？**
  Bù hǎoyìsi,　néng gěi wǒ guìgōngsī de dìzhǐ ma?
  실례합니다만, 귀사의 주소를 저에게 주실 수 있을까요?

함께 알아두면 좋아요

- **您好，这是我的名片。**
  Nín hǎo, zhè shì wǒ de míngpiàn.
  안녕하십니까? 제 명함입니다.

- **不好意思，我的名片都发完了。**
  Bù hǎoyìsi,　wǒ de míngpiàn dōu fāwán le.
  죄송합니다, 제 명함을 모두 다른 사람들에게 주었습니다.

- **您的名片很别致很漂亮。**
  Nín de míngpiàn hěn biézhì hěn piàoliang.
  당신의 명함은 아주 독특하고 멋있습니다.

어휘

不好意思 bù hǎoyìsi 부끄럽습니다, 죄송합니다, 실례합니다　　用 yòng 사용하다
一下 yíxià ~좀 합시다　　电话 diànhuà 전화　　地址 dìzhǐ 주소　　发 fā 발급하다
完 wán 결과보어로 동사 뒤에 나와서 어떤 동작이 완료됨을 나타냄　　别致 biézhì 독특하다
漂亮 piàoliang 아름답다, 멋있다

王老板他好吗?
Wáng lǎobǎn tā hǎo ma?

왕사장님은 안녕하신지요?

'老板 lǎobǎn'과 '经理 jīnglǐ'는 모두 '사장님'이란 의미로 해석됩니다. 약간의 차이라고 하면 '老板 lǎobǎn'이 우리가 흔히 이야기하는 오너이구요, '经理 jīnglǐ'는 CEO, 즉 전문 경영인으로 보는 것이 좋습니다. 조금 더 쉽게 말하면 아주 큰 회사엔 '老板'과 '经理'가 동일 인물일 수도 있고 아닐 수도 있습니다. 하지만 동네의 작은 가게엔 '老板'은 있으나 '经理'는 없지요.

연습해 보세요

• 您最近身体好吗?
Nín zuìjìn shēntǐ hǎo ma?
요즘 건강은 어떠세요?

• 公司最近生意好吗?
Gōngsī zuìjìn shēngyi hǎo ma?
요즘 사업 어떠세요?

함께 알아두면 좋아요

• 代我向李经理问好。
Dài wǒ xiàng Lǐ jīnglǐ wènhǎo.
저를 대신해서 이 사장님께 안부 전해주시기 바랍니다.

• 你最近怎么了? 瘦多了。
Nǐ zuìjìn zěnme le?   Shòu duō le.
요즘 무슨 일 있으세요? 많이 마르셨네요.

• 我想跟贵公司的老板打个招呼。
Wǒ xiǎng gēn guìgōngsī de lǎobǎn dǎ ge zhāohū.
저는 귀사의 사장님과 인사를 나누고 싶습니다.

어휘

最近 zuìjìn 최근   身体 shēntǐ 신체, 건강   生意 shēngyi 사업   向 xiàng ~향해, ~에게
代 dài ~를 대신하여, ~를 위하여   问好 wènhǎo 안부를 묻다
怎么了 zěnme le 무슨 일입니까? 왜 그러죠?   打招呼 dǎ zhāohū 인사하다

到公司要多长时间?
Dào gōngsī yào duōcháng shíjiān?

회사까지 얼마나 걸립니까?

비즈니스 회화 뿐 아니라 일반 회화에서도 정말로 자주 쓰일 수 있어서 꼭 알아두어야 할 표현이 하나 나왔습니다. 바로 '要多长时间 yào duōcháng shíjiān'입니다. 시간이 얼마나 걸리는지 물어볼 때 사용할 수 있는 표현으로, 장소를 이동하거나 물건의 납기일을 정하거나 앞으로 기다려야 할 시간에 대한 것은 이 표현을 사용하면 됩니다.

연습해 보세요

- 到机场要多长时间?
  Dào jīchǎng yào duōcháng shíjiān?
  공항까지 얼마나 걸리나요?

- 到码头要多长时间?
  Dào mǎtou yào duōcháng shíjiān?
  부두까지 얼마나 걸리나요?

함께 알아두면 좋아요

- 我想住两天。
  Wǒ xiǎng zhù liǎng tiān.
  전 이틀동안 묵고 싶습니다.

- 要重新做的话，需要多久?
  Yào chóngxīn zuò de huà, xūyào duōjiǔ?
  다시 만들면 시간이 얼마나 필요할까요?

- 做一个样品，要多长时间?
  Zuò yí ge yàngpǐn, yào duōcháng shíjiān?
  샘플 하나 만드는데 얼마나 걸릴까요?

어휘

机场 jīchǎng 공항　　码头 mǎtou 부두　　住 zhù 머물다　　两天 liǎng tiān 이틀
要 yào 해야 한다, 하려고 한다　　重新 chóngxīn 다시, 처음부터　　做 zuò 하다
需要 xūyào 요구하다, 필요로 하다　　多久 duōjiǔ 얼마동안　　样品 yàngpǐn 샘플

A 很高兴认识您。

Hěn gāoxìng rènshi nín.

알게 되어 반갑습니다.

B 我也很高兴。

Wǒ yě hěn gāoxìng.

저도 기쁩니다.

A 路上辛苦了，累不累?

Lù shang xīnku le,　lèi bu lèi?

오시느라 고생하셨어요, 피곤하시죠?

B 不累，您倒是到这儿来接我，我觉得不好意思。

Bú lèi,　nín dàoshi dào zhèr lái jiē wǒ,　wǒ juéde bù hǎoyìsi.

아닙니다, 마중까지 나와주시고 제가 죄송하죠.

A 哪里哪里!

Nǎlǐ nǎlǐ!

별말씀을요!

高兴 gāoxìng 기쁘다　认识 rènshi 알다　辛苦 xīnku 힘들다

不好意思 bù hǎoyìsi 죄송합니다, 부끄럽습니다　哪里哪里 nǎlǐ nǎlǐ 천만에, 별말씀을

손가락을 구부려 주세요

상대가 차나 술을 따라 줄 때, 본인이 직접 잔을 잡지 못하게 되면 검지와 중지를 구부리고 탁자를 두 세 번 정도 가볍게 툭툭 칩니다. 이것은 과거 황제들이 몰래 민가로 나가 민정을 살피며 술자리를 할 때 생겨난 관습으로, 황제임을 밝혀서는 안 되고 그렇다고 편안하게 술잔을 받을 수도 없어 부득이하게 만들어진 것이라고 합니다. 손가락을 구부리는 것은 무릎을 꿇었다는 의미로 공손한 표현이 됩니다.

A 您是龙江公司的职员吗?

Nín shì Lóngjiāng Gōngsī de zhíyuán ma?

당신은 롱장회사의 직원입니까?

B 对，您是韩国大韩公司的?

Duì， nín shì Hánguó Dàhán Gōngsī de?

맞습니다, 한국의 대한 회사에서 오셨습니까?

A 对，这是我的名片，请多多关照。

Duì， zhè shì wǒ de míngpiàn, qǐng duōduō guānzhào.

네, 제 명함입니다, 잘 부탁드립니다.

B 不客气，这是我的名片。

Búkèqi， zhè shì wǒ de míngpiàn.

별말씀을요, 이건 제 명함입니다.

A 王先生您好!

Wáng xiānsheng nín hǎo!

왕선생님, 안녕하십니까!

职员 zhíyuán 직원   名片 míngpiàn 명함   请多多关照 qǐng duōduō guānzhào 잘 부탁드립니다
不客气 búkèqi 천만에요, 별말씀을 다 하십니다   先生 xiānsheng 선생, 씨(성인 남자에 대한 존칭)

비즈니스 Tip

중국인들은 상대의 수입을 묻는 일이 많아요

제가 중국에 처음 갔을 때 만나는 중국인들마다 '당신의 월수입이 얼마입니까'라고 묻더라구요.저는
너무 당황해서 화를 낸 적도 있습니다. 나중에 안 사실이지만 중국인들은 경제가 개방된 이후로 돈 벌
이에 관심이 많아졌고 이렇게 서로의 수입에 대해 묻고 대답하는 것이 큰 실례가 되지 않는다고 생각
한답니다. 만약 중국 비즈니스 시 술자리에서 이런 말이 오가면 크게 부담되지 않은 선에서 가볍게 대
답해주세요. 화내지 마시고요.

본격적인 회의와 협상에서 쓸 수 있는 여러 표현을 배웁니다. 품질 및 가격, 주문 및 배송 등에 관한 짧고 간단한 표현 및 필수 어휘를 익힙니다.

PART

B

회의 전반

| 완곡한 찬성 및 거절. 품질 및 가격 협상. 배송 요구사항 등 |

对不起，我来晚了，路上堵车堵得很厉害。
Duìbuqǐ,　　　wǒ láiwǎn le,　　lù shang dǔ chē dǔ de hěn lìhai.

죄송합니다. 차가 너무 밀려 늦었습니다.

최근 중국 서민들의 급속한 수입 증가로 인해서 자가용 승용차 구입도 많아졌습니다. 베이징과 같은 대도시는 서울보다 차가 밀리는 정도가 더 심합니다. 중국 현지 사정에 밝은 사람을 통해서 이러한 교통현황을 잘 파악해 두지 않으면 처음 만나는 사람과의 비즈니스 협상에 심하게 늦을 수도 있습니다. '快快! Kuàikuài! 빨리빨리'는 우리만의 것은 아닙니다. 중국상인들도 바쁠 땐 정신없지요.

연습해 보세요

- 对不起，我可能要晚一点到，飞机晚点了。
  Duìbuqǐ,　　　wǒ kěnéng yào wǎn yìdiǎn dào, fēijī wǎndiǎn le.
  죄송합니다. 제가 좀 늦었습니다. 비행기가 연착되어서요.

- 对不起，我明天才能到，今天的航班取消了。
  Duìbuqǐ,　　　wǒ míngtiān cái néng dào, jīntiān de hángbān qǔxiāo le.
  죄송합니다. 제가 내일에야 도착할 것 같아요. 오늘 항공편이 취소됐거든요.

함께 알아두면 좋아요

- 对不起，我坐错了车。
  Duìbuqǐ,　　　wǒ zuòcuòle chē.
  죄송합니다, 차를 잘못 탔어요.

- 对不起，迟到了。路上施工，堵车堵得很厉害。
  Duìbuqǐ,　　chídàole.　　Lù shang shīgōng, dǔ chē dǔ de hěn lìhai.
  죄송해요, 늦었습니다. 길이 공사중이라 차가 많이 막혔어요.

- 今天天气不好，很多人还沒来，你慢慢来，别着急。
  Jīntiān tiānqì bùhǎo,　hěn duō rén hái méi lái, nǐ mànmàn lái, bié zháojí.
  오늘 날씨가 안 좋아서 많은 사람들이 아직 안 왔으니, 당신도 서두르지 말고 천천히 오세요.

어휘

晚点 wǎndiǎn 연착하다　　才 cái ~해서야 비로소　　航班 hángbān 항공편
取消 qǔxiāo 취소하다, 취소되다　错 cuò 틀리다　路上 lù shang 길 위, 노상　施工 shīgōng 공사를 하다
天气 tiānqì 날씨　慢慢 mànmàn 천천히

我们现在正在开会。
Wǒmen xiànzài zhèngzài kāihuì.

우리는 지금 회의중입니다.

한자어가 가지고 있는 특성을 보여 주는 단어 중의 하나가 바로 '开会 kāihuì'입니다. 우리가 알고 있는 중국어의 기본적인 문법에 의하면 '회의를 하다'라는 단어는 '开 kāi (동사, 술어) + 会议 huìyì (명사, 목적어)'가 되어야 하지만 사실 '开会 kāihuì' 라고 씁니다. 会라는 글자 앞에 开가 오면 会는 순식간에 '회의'라고 하는 명사가 됩니다.

연습해 보세요

• 我们现在正在讨论。
Wǒmen xiànzài zhèngzài tǎolùn.
우리는 지금 토론중입니다.

• 我们现在正在工作。
Wǒmen xiànzài zhèngzài gōngzuò.
우리는 지금 일하고 있습니다.

함께 알아두면 좋아요

• 会议什么时候结束?
Huìyì shénme shíhou jiéshù?
회의는 언제 마치나요?

• 又要开会了。
Yòu yào kāihuì le.
또 회의야.

• 这次会议圆满成功。
Zhè cì huìyì yuánmǎn chénggōng.
이번 회의는 원만하게 성공했습니다.

어휘

讨论 tǎolùn 토론하다   工作 gōngzuò 일하다   会议 huìyì 회의   什么时候 shénme shíhou 언제
结束 jiéshù 끝나다   又~了 yòu-le 또~하다(이다)   这次 zhè cì 이번   圆满 yuánmǎn 원만하다
成功 chénggōng 성공하다

对不起，我的汉语不太好，请说慢一点儿。
Duìbuqǐ, wǒ de Hànyǔ bú tài hǎo, qǐng shuō màn yìdiǎnr.

죄송합니다, 제 중국어 실력이 좋지 않으니, 천천히 말씀해 주세요.

이런 정도의 말을 또박또박하게 되면 상대 중국인이 한번쯤은 '오, 중국어 잘 하시네요'라고 할 것입니다. 여기서 특히 不太 bú tài ~라는 말은 상대의 의견 등에 대해 직접적인 부정을 해서는 안 되는 상황에서 부드럽게 부정하는 좋은 표현 중의 하나입니다. 不太好看。bú tài hǎokàn. (그렇게 예쁘지 않아요.)은 사실은 예쁘지 않다'라는 뜻을 조금 좋게 말한 것으로 보면 됩니다.

연습해 보세요

- 对不起，我的发音不太好，说得有点儿慢。
  Duìbuqǐ, wǒ de fāyīn bú tài hǎo, shuō de yǒu diǎnr màn.
  죄송합니다, 저의 발음이 그다지 좋지 않아서 말이 느립니다.

- 对不起，我的汉字学得不太好，看得有点儿慢。
  Duìbuqǐ, wǒ de Hànzì xué de bú tài hǎo, kàn de yǒu diǎnr màn.
  죄송합니다, 제가 한자 공부를 잘 하지 못해서, 보는게 좀 느립니다.

함께 알아두면 좋아요

- 听不懂。
  Tīng bu dǒng.
  알아듣지 못하겠습니다.

- 麻烦你再说一遍。
  Máfan nǐ zài shuō yí biàn.
  번거롭겠지만 한 번 더 말씀해 주세요.

- 听我说，好吗?
  Tīng wǒ shuō, hǎo ma?
  제 말을 들어주시겠습니까?

어휘

发音 fāyīn 발음   不太好 bú tài hǎo 그다지 좋지 않아요   慢 màn 느리다   一点儿 yìdiǎnr 조금
汉字 Hànzi 한자   学 xué 배우다   得 de 정도보어를 연결해 주는 조사
听不懂 tīng bu dǒng 알아듣지 못하다   麻烦 máfan 귀찮게 하다   再 zài 다시

向您介绍一下，我们公司是国内最有名的电子公司之一。

Xiàng nín jièshào yíxià, wǒmen gōngsī shì guónèi zuì yǒumíng de diànzǐ gōngsī zhī yī.

당신에게 소개해 드리지요. 우리는 국내에서 가장 유명한 전자 회사 중의 한 곳입니다.

'之一 zhī yī'란 말이 눈에 들어오나요? 분수에 이것을 응용합니다. 백분의 일(1/100)이라는 말입니다. 여기서도 '~중의 하나'라는 말이지요. 그래서 '之 zhī'는 우리가 사업상에서 잘 이야기하는 백분율에 잘 적용됩니다. 50% = 百分之五十。Bǎi fēn zhī wǔshí. 백분의 오십.

연습해 보세요

- 向您介绍一下，我们公司是世界上生产技术最好的公司之一。
  Xiàng nín jièshào yíxià, wǒmen gōngsī shì shìjiè shang shēngchǎn jìshù zuì hǎo de gōngsī zhī yī.
  당신에게 소개 드리지요. 우리는 세계적으로 생산기술이 제일 좋은 회사 중 하나입니다.

- 向您介绍一下，我们公司是国内产品价格最低的公司。
  Xiàng nín jièshào yíxià, wǒmen gōngsī shì guónèi chǎnpǐn jiàgé zuì dī de gōngsī.
  당신에게 소개해 드리지요. 우리는 국내에서 생산품 가격이 가장 낮은 회사입니다.

함께 알아두면 좋아요

- 我们公司产量不是国内第一，但质量方面我相信是第一。
  Wǒmen gōngsī chǎnliàng bú shì guónèi dì yī, dàn zhìliàng fāngmiàn wǒ xiāngxìn shì dì yī.
  우리 회사의 생산량은 국내 제일은 아니지만 품질만큼은 제일이라고 확신합니다.

- 您有什么要求，尽管说。
  Nín yǒu shénme yāoqiú, jǐnguǎn shuō.
  어떠한 요구사항이 있으시면 얼마든지 말씀하세요.

- 我们公司的销售额在不断增涨。
  Wǒmen gōngsī de xiāoshòu' é zài búduàn zēngzhǎng.
  우리 회사의 영업매출액이 끊임없이 증가하고 있습니다.

어휘

世界 shìjiè 세계　　生产 shēngchǎn 생산하다　　技术 jìshù 기술　　产品 chǎnpǐn 생산품
价格 jiàgé 가격　　最低 zuì dī 가장 낮다　　产量 chǎnliàng 생산량
国内 guónèi 국내　　第一 dì yī 제일　　质量 zhìliàng 품질　　方面 fāngmiàn 방면
相信 xiāngxìn 믿다　　要求 yāoqiú 요구하다, 요구　　尽管 jǐnguǎn 얼마든지
销售额 xiāoshòu' é 영업매출액　　不断 búduàn 부단히, 끊임없이　　增涨 zēngzhǎng 증가하다

我们的产品有极好的品质，价格也非常适中。
Wǒmen de chǎnpǐn yǒu jíhǎo de pǐnzhì, jiàgé yě fēicháng shìzhōng.

우리 물건은 품질이 좋은 것은 물론이고 가격도 적당합니다.

중국 상인들과의 거래에서 중요한 것 중 하나가 시간과의 싸움이기도 합니다. 우리 나라 사람들의 급한 성격에 그들의 여유있는 태도가 이기는 경우가 많이 있는데요. 사실 그들이나 우리나 급하기는 마찬가지입니다. 그들이 천천히 할때 우리도 급할 것이 없다는 여유있는 모습을 보이게 되면 아마 그들도 계속해서 '慢慢来 mànmàn lái (천천히 하지)'라는 생각을 유지하기 어려울 것입니다.

연습해 보세요

• 我们的公司有较高的信誉，提供的条件也非常优厚。
Wǒmen de gōngsī yǒu jiào gāo de xìnyù, tígōng de tiáojiàn yě fēicháng yōuhòu.
우리 회사는 비교적 높은 신용과 명예를 가지고 있습니다. 제공한 조건 또한 좋은 것입니다.

• 我们有一流的技术，售后服务也非常好。
Wǒmen yǒu yīliú de jìshù, shòuhòu fúwù yě fēicháng hǎo.
우리는 일류 기술을 가지고 있습니다. 애프터서비스도 아주 좋고요.

함께 알아두면 좋아요

• 价格不能再低了。
Jiàgé bù néng zài dī le.
가격은 더 싸게 할 수 없습니다.

• 最近大家情况都不太好，我们双方都让一下步吧
Zuìjìn dàjiā qíngkuàng dōu bú tài hǎo, wǒmen shuāngfāng dōu ràng yíxià bù ba.
최근 모두 좋지 않습니다. 우리 쌍방이 서로 양보를 좀 하죠.

• 能不能再便宜一点儿?
Néng bu néng zài piányi yìdiǎnr?
좀 더 싸게 안 될까요?

어휘

较 jiào (=比较) 비교적   高 gāo 높다   信誉 xìnyù 신용과 명예   提供 tígōng 제공하다
条件 tiáojiàn 조건   优厚 yōuhòu (대우나 조건이) 좋다   一流 yīliú 일류   技术 jìshù 기술
售后服务 shòuhòu fúwù 애프터서비스   非常 fēicháng 매우, 무척   价格 jiàgé 가격   再 zài 다시, 더
双方 shuāngfāng 쌍방   让步 ràngbù 양보   便宜 piányi 싸다

我们的主打产品是电子产品。
Wǒmen de zhǔdǎ chǎnpǐn shì diànzǐ chǎnpǐn.

우리의 주력상품은 전자제품입니다.

주력(主力 zhǔlì)이란 말은 중국어에선 주요 역량, 즉 군대나 운동경기 등에서 주로 사용하고요, 고객들의 주의를 끌게 하는 주력상품과 같은 것엔 '主打 zhǔdǎ'를 사용합니다. 말을 그대로 풀면 '주로 때린다'정도가 될까요? 팍팍 밀고 있는 상품이니 계속해서 때려야겠지요?

연습해 보세요

- 我们的王牌产品是护肤品。
  Wǒmen de wángpái chǎnpǐn shì hùfūpǐn.
  우리 대표상품은 피부보호용 상품입니다.

- 我们的主营产品是取暖设备。
  Wǒmen de zhǔyíng chǎnpǐn shì qǔnuǎn shèbèi.
  우리가 주로 취급하는 것은 난방설비입니다.

함께 알아두면 좋아요

- 我们公司主要经营农产品。
  Wǒmen gōngsī zhǔyào jīngyíng nóngchǎnpǐn.
  우리 회사는 주로 농산품을 취급합니다.

- 这种产品，我们做了近10年。
  Zhè zhǒng chǎnpǐn, wǒmen zuòle jìn shí nián.
  이 제품을 생산한지 10년이 되어갑니다.

- 那种产品，我们不做了。
  Nà zhǒng chǎnpǐn, wǒmen bú zuò le.
  그 제품은 이제 만들지 않습니다.

어휘

电子 diànzǐ 전자   护肤品 hùfūpǐn 피부보호 상품   主营 zhǔyíng 취급하다
取暖设备 qǔnuǎn shèbèi 난방설비   主要 zhǔyào 주로   经营 jīngyíng 다루다, 취급하다
农产品 nóngchǎnpǐn 농산물   种 zhǒng 종, 종류   近 jìn 접근하다, 근접하다, 가까운
不做了 bú zuò le 이제 만들지 않습니다

22

这是新商品。
Zhè shì xīnshāngpǐn.

이것은 신상품입니다.

'这是 zhè shì'는 영어와 비슷한 표현 방식입니다. 영어에서 흔히 사용하는 'This is'와 비슷합니다. 용법도 비슷해서 사물을 소개할 때에만 쓰이는 것이 아니라 사람을 소개할 때도 자주 쓰입니다. '这是我妈妈。Zhè shì wǒ māma. 이 분이 저의 어머니입니다.' 那是我爸爸。Nà shì wǒ bàba. 저 분이 저의 아버지입니다.' 처럼요.

연습해 보세요

- 这是新款。
  Zhè shì xīnkuǎn.
  이것이 새 모델입니다.

- 这是高科技产品。
  Zhè shì gāokējì chǎnpǐn.
  이것이 첨단과학기술 제품입니다.

함께 알아두면 좋아요

- 这是我们的订单。
  Zhè shì wǒmen de dìngdān.
  이것은 우리의 주문서입니다.

- 有沒有库存?
  Yǒu méiyǒu kùcún?
  재고가 있나요?

- 有沒有我上次看的那一种?
  Yǒu méiyǒu wǒ shàngcì kàn de nàyīzhǒng?
  지난 번에 보았던 종류의 것이 있나요?

어휘

新款 xīnkuǎn 새로운 모델   高科技 gāokējì 첨단과학기술   订单 dìngdān 주문서
库存 kùcún 재고   上次 shàngcì 지난 번

我们能不能到车间看看？
Wǒmen néng bu néng dào chējiān kànkan?

작업장을 좀 볼 수 있을까요?

중국에서 물건을 수입하는 상인이라면 반드시 들러야 할 곳이 바로 생산공장입니다. 공장을 들러봐야 제대로 된 회사인지를 알 수 있는데요, 그것보다 더욱 중요한 곳이 바로 공장의 화장실입니다. 자칫 소홀해지기 쉬운 부분까지 꼼꼼이 관리가 되고 있다면 그곳의 물건은 말할 필요가 없겠지요. 이때 주의할 것은 공장의 생산직 근로자들이 이용하는 화장실에 가 보는 것이 좋습니다.

연습해 보세요

• 我们能不能去公司看看？
  Wǒmen néng bu néng qù gōngsī kànkan?
  우리가 회사를 가 볼 수 있을까요?

• 我们能不能到工厂看看？
  Wǒmen néng bu néng dào gōngchǎng kànkan?
  우리가 공장을 가 볼 수 있을까요?

함께 알아두면 좋아요

• 你们的工厂很干净。
  Nǐmen de gōngchǎng hěn gānjìng.
  당신들의 공장은 깨끗합니다.

• 车间整理得非常整齐。
  Chējiān zhěnglǐ de fēicháng zhěngqí.
  작업장에 정돈이 잘 되어 있습니다.

• 这是职工的宿舍吗？
  Zhè shì zhígōng de sùshè ma?
  여기가 직원들의 기숙사입니까?

어휘

车间 chējiān 작업장　　工厂 gōngchǎng 공장　　干净 gānjìng 깨끗하다
整理 zhěnglǐ 정리하다, 정리　　非常 fēicháng 매우, 무척　　整齐 zhěngqí 정돈되다
职工 zhígōng 직원　　宿舍 sùshè 기숙사

请贵公司报价。
Qǐng guìgōngsī bàojià.

귀사의 견적서를 원합니다.

견적서를 낼 때 한 번에 계약이 성사되는 경우, 서로의 의견이 왔다갔다 하다보면 간혹 문서없이 '그렇게 합시다'라는 말로 계약이 되는 경우가 있습니다. 그래도 바로 문서화 시키는 것이 좋습니다. 아무래도 서로가 외국어로 소통을 하기에 말이 잘못 전달되거나 잘못 이해될 수 있습니다. '견적을 낸다'라는 말이 '보고한다'라는 기분이 드는 '报价 bàojià'가 특이하죠!

연습해 보세요

- **请贵公司提条件。**
  Qǐng guìgōngsī tí tiáojiàn.
  귀사의 조건을 제시하시죠.

- **请贵公司要价。**
  Qǐng guìgōngsī yào jià.
  귀사에서 가격을 내시죠.

함께 알아두면 좋아요

- **请您给我们报一个较低价格。**
  Qǐng nín gěi wǒmen bào yí ge jiào dī jiàgé.
  좋은(낮은) 가격으로 견적서를 내 주세요.

- **你们报的价格稍微高了一点儿。**
  Nǐmen bào de jiàgé shāowēi gāo le yìdiǎnr.
  귀사가 낸 가격이 좀 높습니다.

- **我们的交易不是一天两天的。**
  Wǒmen de jiāoyì bú shì yì tiān liǎng tiān de.
  우리들의 거래가 하루 이틀 된 것이 아니잖습니까?

어휘

报价 bàojià 견적을 내다 　提条件 tí tiáojiàn 조건을 제시하다 　要价 yào jià 가격을 내다
稍微 shāowēi 조금, 약간 　较低 jiào dī 비교적 낮다 　交易 jiāoyì 거래, 교역

我们要一半儿红色的，一半儿蓝色的。
Wǒmen yào yíbànr hóngsè de,   yíbànr lánsè de.

절반은 빨간색, 절반은 파란색을 원합니다.

'一半儿~一半儿~ yíbànr-yíbànr-'는 '절반은 무엇으로, 절반은 무엇으로' 할 때에 유용하게 쓰이는 문장 구조입니다. 숙어처럼 알아두어도 자주 적절하게 사용할 수 있습니다. 중국사람들이 우리와 좋아하는 색깔이 조금 다르니, 그냥 대충 무슨 색깔이라고 말로 하면 안 되는 것 아시죠? 꼭 적당한 샘플을 보고 정확한 색상이 합의될 때까지 꼼꼼히 체크하세요.

연습해 보세요

- 我们要一半儿大号的，一半儿小号的。
  Wǒmen yào yíbànr dàhào de,   yíbànr xiǎohào de.
  절반은 큰 사이즈로, 절반은 작은 사이즈를 원합니다.

- 我们要一半儿刚刚上市的，一半儿年初上市的。
  Wǒmen yào yíbànr gānggang shàngshì de, yíbànr niánchū shàngshì de.
  절반은 막 시장에 출시된 것을, 절반은 연초에 출시된 것을 원합니다.

함께 알아두면 좋아요

- 要再深点儿的。
  Yào zài shēn diǎnr de.
  좀 더 진한 것을 원합니다.

- 要再浅点儿的。
  Yào zài qiǎn diǎnr de.
  좀 더 흐린 것을 원합니다.

- 您看哪个颜色好看？
  Nín kàn nǎ ge yánsè hǎokàn?
  당신이 보시기엔 어떤 색깔이 예쁜가요?

어휘

一半儿 yíbànr 절반   红色 hóngsè 빨간색   蓝色 lánsè 파란색   大号 dàhào 큰 사이즈
小号 xiǎohào 작은 사이즈   刚刚 gānggang 막, 방금   上市 shàngshì 시장에 내놓다, 출시되다
年初 niánchū 연초   深 shēn 진하다   浅 qiǎn 흐리다   颜色 yánsè 색깔

26

一个集装箱能装多少?
Yí ge jízhuāngxiāng néng zhuāng duōshao?
컨테이너 하나에 몇 개를 실을 수 있나요?

지역에 따라서 컨테이너를 조금 다르게 이야기하기도 합니다. 중국의 남방의 일부 지역에선 '货柜 huòguì'라고 합니다. 우리말로 직역하면 화물 상자라고 해야 할까요? '装 zhuāng'은 '화물을 싣다'라는 뜻이 있는데 간혹 사람이 택시나 승용차에 탈 때도 이 말이 사용되기도 합니다. '装五个人。 Zhuāng wǔ ge rén. (다섯명을 태우다)'는 '坐五个人。Zuò wǔ ge rén.'이라고 말하기도 하죠.

연습해 보세요

• 一个箱子能装多少瓶?
　Yí ge xiāngzi néng zhuāng duōshao píng?
　한 상자에 몇 개의 병이 들어갑니까?

• 一车能运多少?
　Yì chē néng yùn duōshao?
　한 차에 얼마나 운반할 수 있나요?

함께 알아두면 좋아요

• 装一个集装箱要多长时间?
　Zhuāng yí ge jízhuāngxiāng yào duōcháng shíjiān?
　컨테이너 하나 꾸리는데 얼마나 걸리나요?

• 从香港到仁川港口需要多久?
　Cóng Xiānggǎng dào Rénchuān gǎngkǒu xūyào duōjiǔ?
　홍콩에서 인천항구까지 얼마나 걸리나요?

• 样品放在集装箱里面, 好吗?
　Yàngpǐn fàngzài jízhuāngxiāng lǐmian, hǎo ma?
　샘플을 컨테이너 안쪽에 놓아주세요.

어휘

集装箱 jízhuāngxiāng 컨테이너　　装 zhuāng 싣다, 채워넣다　　箱子 xiāngzi 상자　　瓶 píng 병
运 yùn (물건을) 운송하다　　要 yào ~필요하다　　多长 duōcháng 얼마나　　时间 shíjiān 시간
从A到B cóng A dào B A부터 B까지　　港口 gǎngkǒu 항구　　需要 xūyào 필요하다
多久 duōjiǔ 얼마나 오랫동안　　样品 yàngpǐn 샘플　　放在 fàngzài 놓다　　里面 lǐmian 안쪽

如果我们要10,000 个是什么价?
Rúguǒ wǒmen yào yíwàn ge shì shénme jià?

만 개를 주문하면 가격이 어떻게 됩니까?

영화 〈첨밀밀〉에서 주인공이 고향에 있는 여자친구에게 줄 팔찌를 사는 장면에서, 팔찌 두 개를 사니까 좀 싸게 해 줄 수 없냐고 보석가게 직원에게 물어보는 장면이 생각납니다. 만 개를 주문할 생각이었다면 먼저 5000개나 3000개를 살 것처럼 하다가 만 개를 산다고 해야 가격을 더 협상할 여지가 생기지 않을까요?

연습해 보세요

• **如果我们要一集装箱是什么价?**
Rúguǒ wǒmen yào yī jízhuāngxiāng shì shénme jià?
컨테이너 하나 분량을 주문하면 가격이 어떻게 됩니까?

• **如果我们要一千打是什么价?**
Rúguǒ wǒmen yào yìqiān dá shì shénme jià?
천 타스를 주문하면 가격이 어떻게 됩니까?

함께 알아두면 좋아요

• **多买几个，能再便宜一点儿吗?**
Duō mǎi jǐ ge, néng zài piányi yìdiǎnr ma?
몇 개 더 사면 싸게 해 줄 수 있나요?

• **还是同样的价钱。**
Háishi tóngyàng de jiàqian.
역시 같은 가격입니다.

• **虽然贵一些，但品质方面绝无问题。**
Suīrán guì yìxiē, dàn pǐnzhì fāngmiàn juéwú wèntí.
비록 조금 비싸긴 하지만 품질면에서 절대 문제 없습니다.

어휘

如果 rúguǒ 만약　　什么价 shénme jià 어떤 가격
打 dá 타스, 12개 ▶발음 주의하세요. 동사나 개사일 경우엔 3성이지만 이와 같이 양사로 쓰이는 경우엔 2성으로 발음합니다.
还是 háishi 여전히, 역시　　同样 tóngyàng 같다　　价钱 jiàqian 가격　　虽然 suīrán 비록
一些 yìxiē 조금, 약간　　品质 pǐnzhì 품질　　绝无问题 juéwú wèntí 절대 문제없다

28

我保证付款不会迟于4月底。
Wǒ bǎozhèng fùkuǎn bú huì chí yú sì yuèdǐ.

4월말까지 결제하는 것을 보장합니다.

어디나 비슷하겠지만 중국사람들과 거래할 때 결제대금이 지급되지 않으면 절대 물건을 보내지 않습니다. 물론 시간이 오래 지나서 서로간의 신용이 높아지면 상황은 다르지만요. '于 yú'는 문어체에서 많이 사용되는 단어로 공식적인 서류나 계약에서는 자주 사용됩니다.

연습해 보세요

- **我保证二年之间免费保修。**
  Wǒ bǎozhèng liǎng nián zhījiān miǎnfèi bǎoxiū.
  2년간 무상수리 서비스를 보장합니다.

- **我保证合约期间遵守信用。**
  Wǒ bǎozhèng héyuē qījiān zūnshǒu xìnyòng.
  계약기간동안 신용을 지킬 것을 보장합니다.

함께 알아두면 좋아요

- **开信用证，好吗？**
  Kāi xìnyòngzhèng, hǎo ma?
  신용장을 개설해주세요.

- **开了信用证马上发货。**
  Kāile xìnyòngzhèng mǎshàng fāhuò.
  신용장을 개설하면 바로 물건을 보내겠습니다.

- **这次有点着急，您先发货，不行吗？**
  Zhè cì yǒudiǎn zháojí, nín xiān fāhuò, bù xíng ma?
  이번엔 좀 급한데 먼저 물건을 보내주시면 안 될까요?

어휘

保证 bǎozhèng 보장하다　　付款 fùkuǎn 지불, 결제하다　　4月底 sì yuèdǐ 4월말　　**免费** miǎnfèi 무료
保修 bǎoxiū 수리서비스　　合约 héyuē 계약　　遵守 zūnshǒu 준수하다　　开 kāi 열다
信用证 xìnyòngzhèng 신용장　　马上 mǎshàng 바로, 즉시　　发货 fāhuò 물건을 보내다, 출하하다
这次 zhè cì 이번　　有点 yǒudiǎn 조금, 약간　　着急 zháojí 급하다　　先 xiān 먼저

怎么付款?
Zěnme fùkuǎn?

어떤 방식으로 결제할까요?

'付款 fùkuǎn'과 '付钱 fùqián'은 '돈을 지불하다'라는 뜻입니다. 약간의 차이를 들자면 무역상의 거래에서 '지불하다'라는 말을 할 때는 '付款 fùkuǎn'이 조금 더 적합하고, 일반적인 음식점이나 가게에서 물건값을 지불할 땐 '付钱 fùqián'이 좀 더 어울립니다. 우리말의 '대금결제'와 '돈을 낸다' 정도의 차이로 보시면 됩니다.

연습해 보세요

• 怎么交货?
  Zěnme jiāohuò?
  어떻게 물건을 납품하나요?

• 怎么保管?
  Zěnme bǎoguǎn?
  어떻게 보관하나요?

함께 알아두면 좋아요

• 能不能分期付款?
  Néng bu néng fēnqī fùkuǎn?
  할부로 지급할 수 있나요?

• 在哪儿付钱?
  Zài nǎr fùqián?
  어디서 지불하나요?

• 今天下午去银行汇钱, 可以吗?
  Jīntiān xiàwǔ qù yínháng huìqián, kěyǐ ma?
  오늘 오후에 은행에 가서 송금해도 될까요?

•어휘

保管 bǎoguǎn 보관하다   分期付款 fēnqī fùkuǎn 할부로 지불하다   银行 yínháng 은행
汇钱 huìqián (은행에서) 송금하다   可以 kěyǐ 가능하다

一个大概500块钱。
Yí ge dàgài wǔbǎi kuài qián.

대략 한 개에 500위안 정도입니다.

'先小人，后君子。Xiān xiǎorén, hòu jūnzǐ.'라는 중국 속담이 있습니다. 먼저 소인이 되고 후에 군자가 되라는 말입니다. 거래를 하는 사이든 아니든 말하기 곤란한 것 중 하나가 바로 돈에 관련된 것이므로, 돈을 이야기하는 소인이 먼저 되어 하나하나 따지고, 계약 후에는 군자처럼 멋있게 계산하라는 말입니다.

연습해 보세요

- **一打大概100块。**
  Yì dá dàgài yìbǎi kuài.
  대략 한 타스에 100위안입니다.

- **一套大概20块。**
  Yí tào dàgài èrshí kuài.
  대략 한 세트에 20위안입니다.

함께 알아두면 좋아요

- **年薪大概多少钱？**
  Niánxīn dàgài duōshao qián?
  연봉이 대략 얼마입니까?

- **做完200个需要几天？**
  Zuòwán liǎngbǎi ge xūyào jǐ tiān?
  200개를 만드는데 며칠이 걸립니까?

- **给我们两个月的时间就够了。**
  Gěi wǒmen liǎng ge yuè de shíjiān jiù gòu le.
  우리에게 두 달의 시간만 주시면 충분합니다.

어휘

大概 dàgài 대략   一打 yì dá 한 타스   一套 yí tào 한 세트   年薪 niánxīn 연봉
做完 zuòwán 다 하다, 다 만들다   需要 xūyào 필요로 하다   几天 jǐ tiān 며칠   够 gòu 충분하다

什么时候能发货?
Shénme shíhou néng fāhuò?
언제 물건을 보낼 수 있습니까?

물건의 납기일은 확실하게 문서로 받아두세요. 간단히 전화로 약속했다가 낭패를 보는 경우가 있습니다. 언제까지라고 말하고 나서 팩스로 납기일을 보내달라고 하세요. 설령 나중에 물건값 흥정에서라도 유리한 입장에 서려면 구두상으로 이야기하는 것보다 문서를 남겨야 합니다. 중국 사람들의 문서에 대한 애착이 좀 강하거든요.

연습해 보세요

• **什么时候**付款?
Shénme shíhou fùkuǎn?
언제 지불하실 겁니까?

• **什么时候**能交货?
Shénme shíhou néng jiāohuò?
언제 물건을 납품할 수 있습니까?

함께 알아두면 좋아요

• 不行, 我们11月底应该收货。
Bù xíng, wǒmen shíyī yuèdǐ yīnggāi shōuhuò.
안 됩니다. 11월말엔 물건을 받아야 합니다.

• 先发一些货, 可以吗?
Xiān fā yìxiē huò, kěyǐ ma?
먼저 물건의 일부를 보내도 될까요?

• 我们非常着急, 请您赶紧发货。
Wǒmen fēicháng zháojí, qǐng nín gǎnjǐn fāhuò.
우린 매우 급해요. 얼른 발송해 주세요.

어휘

什么时候 shénme shíhou 언제　　发货 fāhuò 물건을 보내다　　交货 jiāohuò 납품하다
不行 bù xíng 안돼요　　收货 shōuhuò 물건을 받다　　应该 yīnggāi 마땅히~해야 한다　　先 xiān 먼저
一些 yìxiē 약간, 일부　　着急 zháojí 급하다　　赶紧 gǎnjǐn 얼른

32

请尽快寄给我们样品。

Qǐng jǐnkuài jì gěi wǒmen yàngpǐn.

가능한 한 빨리 샘플을 보내주세요.

우리는 무슨 일을 하면 바로 바로 나와야 직성이 풀리는데 중국과의 거래에서는 속도면에서 답답한 일이 한 두가지가 아닙니다. 샘플을 보고 일을 결정해야 하는데 안 오면 속 터질 때 많죠 ^^. 특급우편 EMS 나 특급 배송 서비스 등이 있어도 때로는 비행기를 타고 직접 날아가야 할 경우도 생기곤 합니다.

연습해 보세요

• 请尽量在下个星期交货。

Qǐng jǐnliàng zài xià ge xīngqī jiāohuò.

다음 주엔 물건을 납품하도록 해 주세요.

• 请尽最大努力按时付款。

Qǐng jǐn zuìdà nǔlì ànshí fùkuǎn.

기일에 맞추어서 결제하도록 최대한 노력해 주세요.

함께 알아두면 좋아요

• 我们希望您能尽早处理。

Wǒmen xīwàng nín néng jǐnzǎo chǔlǐ.

빠른 시간 내에 처리해 주시길 바랍니다.

• 做一个样品需要多久?

Zuò yí ge yàngpǐn xūyào duōjiǔ?

샘플 하나 만드는데 얼마나 걸리죠?

• 有别的款式, 要不要看看?

Yǒu biéde kuǎnshì, yào bu yào kànkan?

다른 모델도 있어요, 보실래요?

어휘

尽快 jǐnkuài 가능한 빨리   样品 yàngpǐn 샘플   尽量 jǐnliàng 가능한 한
尽最大努力 jǐn zuìdà nǔlì 가능한 최대한 노력해서   按时 ànshí 제때에, 시간에 맞추어서
希望 xīwàng 희망하다   尽早 jǐnzǎo 가능한 빨리   处理 chǔlǐ 처리하다   需要 xūyào 필요로 하다
别的 biéde 다른   款式 kuǎnshì 모델

怎么赔偿损失?
Zěnme péicháng sǔnshī?
어떻게 손해 배상을 할 건가요?

손해 배상에서 돈으로 환불받기가 쉽지 않을 때엔 물건을 교환해 달라고 하거나 아니면 미리 주문을 할 때 물건을 더 보내달라고 하세요. 불량률을 잘 계산해 두셨다가 상대 거래처에 통보를 하고 그만큼의 분량을 생각해서 더 보내달라고 하면, 상대 회사에서 조용히 응해줄 것입니다.

연습해 보세요

• 怎么退货?
  Zěnme tuìhuò?
  어떻게 반품을 합니까?

• 怎么换货?
  Zěnme huànhuò?
  어떻게 물건을 교환합니까?

함께 알아두면 좋아요

• 在运输中，货物损坏了怎么办?
  Zài yùnshū zhōng, huòwù sǔnhuàile zěnme bàn?
  운반과정에서 화물이 파손되면 어떻게 처리합니까?

• 有什么问题具体说说。
  Yǒu shénme wèntí jùtǐ shuōshuo.
  문제 있으면 구체적으로 말해 보세요.

• 现在我们好好谈谈赔偿损失的问题。
  Xiànzài wǒmen hǎohao tántan péicháng sǔnshī de wèntí.
  이제 우리 손해 배상문제에 대해서 이야기 해 봅시다.

어휘

赔偿 péicháng 배상하다   损失 sǔnshī 손해, 손실   退货 tuìhuò 반품하다
换货 huànhuò 물건을 교환하다   运输 yùnshū 운송하다   损坏 sǔnhuài 파손되다
问题 wèntí 문제   具体 jùtǐ 구체적이다   好好 hǎohao 잘, 열심히

我公司不能**接受贵公司的要求**。

Wǒ gōngsī bù néng jiēshòu guìgōngsī de yāoqiú.

우리 회사는 귀사의 요구를 받아들일 수 없습니다.

'接受 jiēshòu' 어떤 사물에 대해서 거절하지 않고 받아들이는 것을 말합니다. 다시 말하면 여기서는 어떤 사물에 대해서 동의하느냐 아니냐라는 뜻으로 사용됩니다. 어떤 절차 등의 접수와는 조금 다른 뜻으로 사용됩니다. 중국 상인들과 거래하는 과정에서 조금은 끌려가는 듯한 거래를 한 경험이 있으시다면 한번쯤은 이러한 강한 어조가 필요할 수도 있습니다.

연습해 보세요

• 我们公司不能**办理退货**。
  Wǒmen gōngsī bù néng bànlǐ tuìhuò.
  우리 회사는 반품처리를 할 수 없습니다.

• 我们公司不**负责运输**。
  Wǒmen gōngsī bú fùzé yùnshū.
  우리 회사는 운반 과정은 책임지지 않습니다.

함께 알아두면 좋아요

• 请原谅。
  Qǐng yuánliàng.
  이해해 주세요.

• 我们应该互相谅解。
  Wǒmen yīnggāi hùxiāng liàngjiě.
  우리 서로를 이해해 주어야 합니다.

• 在这种情况下我们无法再谈。
  Zài zhè zhǒng qíngkuàng xià wǒmen wúfǎ zài tán.
  이러한 상황에서 우리는 더 이상 상담을 할 수 없습니다.

어휘

接受 jiēshòu 받아들이다　　要求 yāoqiú 요구　　办理 bànlǐ 처리하다　　负责 fùzé 책임지다
原谅 yuánliàng 양해하다, 용서하다　　应该 yīnggāi 마땅히~해야 한다　　互相 hùxiāng 서로, 상호
谅解 liàngjiě 양해하다, 이해하다　　情况 qíngkuàng 상황　　无法 wúfǎ 방법이 없다

希望我们合作愉快。
Xīwàng wǒmen hézuò yúkuài.

좋은 거래가 되길 바랍니다.

계약이 성사됐을때 할 수 있는 말이죠. '希望 xīwàng'이 나오는 문장은 영어의 hope가 나오는 구조와 비슷합니다. 희망사항을 바로 뒤에 쓰면 됩니다. 중국어에서는 希望 앞에 주어인 '我 wǒ'가 들어가도 좋고, 그렇지 않더라도 회화에서는 특별히 문제가 되지 않습니다.

연습해 보세요

• 希望我们再次合作。
Xīwàng wǒmen zàicì hézuò.
다음에도 같이 일하기를 바랍니다.

• 希望我们共同发展。
Xīwàng wǒmen gòngtóng fāzhǎn.
우리의 공동발전을 바랍니다.

함께 알아두면 좋아요

• 希望我们能继续合作。
Xīwàng wǒmen néng jìxù hézuò.
앞으로도 거래하기를 바랍니다.

• 买卖不成仁义在嘛!
Mǎimài bù chéng rényì zài ma!
거래가 이루어지진 않았지만 여전히 우리는 좋은 친구잖아요.

• 我们以后继续保持联系。
Wǒmen yǐhòu jìxù bǎochí liánxì.
앞으로도 계속 좋은 관계를 유지합시다.

어휘

愉快 yúkuài 유쾌하다   再次 zàicì 다시 한 번   共同 gòngtóng 공동   发展 fāzhǎn 발전   继续 jìxù 계속
以后 yǐhòu 이후   保持 bǎochí 유지하다   联系 liánxì 관계, 연락하다

A 对不起，我的汉语不太好，请说慢一点儿。
Duìbuqǐ,　　wǒ de Hànyǔ bú tài hǎo,　qǐng shuō màn yìdiǎnr.
죄송합니다. 저의 중국어 실력이 좋지 않으니, 천천히 말씀해 주세요.

B 沒问题，我再说一遍。
Méi wèntí,　　wǒ zài shuō yí biàn.
괜찮습니다. 다시 한 번 말씀 드리죠.

A 好，谢谢您。
Hǎo,　xièxiè nín.
고맙습니다.

B 怎么样？这次听懂了吗？
Zěnmeyàng? Zhè cì tīngdǒngle ma?
어떠세요? 이번엔 알아들으셨나요?

A 也有听不懂的，不过明白您的意思。
Yě yǒu tīng bu dǒng de, búguò míngbai nín de yìsi.
못 알아들은 것도 있지만 말씀하신 의미는 알아들었습니다.

对不起 duìbuqǐ 미안하다, 죄송하다　怎么样 zěnmeyàng 어때요?　听懂 tīngdǒng 알아듣다
听不懂 tīng bu dǒng 알아듣지 못하다, 듣고도 모르다　明白 míngbai 알다

비즈니스 TIP

사투리 통역사도 있으니 걱정마세요
중국 최대의 상업도시인 상하이에는 많은 외국인들이 비즈니스를 하려고 모여들기 때문에 수많은 통역전문업체가 있는데, 이들 회사 중에는 중국인 간의 통역을 해주는 회사도 있습니다. 지방사투리와 표준어와의 차이가 심하기 때문인데 같은 중국인들끼리도 말이 안 통하는 경우가 너무 많아서 비즈니스에 불편이 많다고 해요. 만약 베이징이나 하얼빈 사람이 아니고 지방 사람들과 비즈니스를 하게 될 경우라고 해도 걱정마세요. 사투리도 통역이 되니까요.

A 向您介绍一下，我们是国内最有名的电子公司之一。
Xiàng nín jièshào yíxià, wǒmen shì guónèi zuì yǒumíng de diànzǐ gōngsī zhī yī.
당신에게 소개드리죠, 우리는 국내에서 제일 유명한 전자회사 중 하나입니다.

B 贵公司去年的销售额是多少?
Guìgōngsī qùnián de xiāoshòu'é shì duōshao?
귀사는 작년에 매출액이 얼마나 되었습니까?

A 大概10亿韩币， 相当于人民币500万。
Dàgài shíyì Hánbì,   xiāngdāng yú Rénmínbì wǔbǎi wàn.
대략 한화 10억 정도인데요, 중국돈 500만 위안 상당입니다.

目前我们公司的销售额比不上大企业。
Mùqián wǒmen gōngsī de xiāoshòu'é bǐ bu shàng dàqǐyè.
현재 우리 회사의 매출액은 대기업과는 비교할 수 없습니다.

但我们相信质量方面比得上他们。
Dàn wǒmen xiāngxìn zhìliàng fāngmiàn bǐ de shàng tāmen.
그렇지만 우리는 품질만큼은 대기업과 견줄만 합니다.

B 好，我们再考虑考虑。
Hǎo, wǒmen zài kǎolǜ kǎolǜ.
좋습니다, 우리가 다시 고려해 보겠습니다.

介绍 jièshào 소개하다   有名 yǒumíng 유명하다   销售额 xiāoshòu'é 매출액
比不上 bǐ bu shàng 비교할 수 없다

비즈니스 Tip

오후 12– 2시 사이에는 거래처에 전화하지 않는 것이 좋아요

우리의 점심시간은 대체로 1시간 남짓이며, 이동하는 시간을 빼고나면 밥먹기에도 빠듯할 때가 많습니다. 그러나 중국인들의 점심시간은 훨씬 더 긴데요, 느긋하게 식사를 오래하기도 하지만 점심시간을 이용하여 낮잠을 늘기는 사람들이 많아서라고 합니다. 그래서 아주 급한 용무가 아니면 가급적 오후 12-2시 사이에는 서로 전화를 잘 하지 않는다고 하네요. 중국 회사와 무역할 때 정말 급한 일 아니면 이 시간을 피해주면 어떨까요?

A 我们能不能去看看工厂?
Wǒmen néng bu néng qù kànkan gōngchǎng?
우리가 공장을 보러 갈 수 있을까요?

B 当然，沒问题。已经安排好了。请。
Dāngrán, méi wèntí.　Yǐjīng ānpái hǎo le.　Qǐng.
당연하지요, 문제 없습니다. 이미 준비를 해 두었습니다. 이리 오세요.

A 谢谢。
Xièxiè.
고맙습니다.

B 这是车间，这是样品室，这是职工宿舍，这是餐厅。
Zhè shì chējiān, zhè shì yàngpǐnshì, zhè shì zhígōng sùshè, zhè shì cāntīng.
이 곳은 작업장, 이 곳은 샘플실, 이 곳은 직원 기숙사, 이 곳은 식당입니다.

A 你们工厂眞大。
Nǐmen gōngchǎng zhēn dà.
공장이 정말 크네요.

当然 dāngrán 당연하다　安排 ānpái 준비하다, 처리하다　车间 chējiān 작업장, 현장
样品室 yàngpǐnshì 샘플실　宿舍 sùshè 기숙사　餐厅 cāntīng 식당

비즈니스 Tip

중국은 인건비가 아주 싸다는 편견을 버리세요
2003년 보도에 의하면 상하이 기업의 대졸 초임이 보너스를 합해 평균 한화 120만원을 웃돌았다고
합니다. 지금이 2009년이니 사정은 더 심해졌겠죠. 이 정도면 중국의 물가나 인건비가 아주 싸다는
말은 할 수 없을 것 같습니다. 물론 저임금 노동자들도 많지만 그렇다고 중국 전체를 저임금 노동국으
로 보는 것은 무리가 있습니다. 자칫 중국 사람들을 깔보고 비하하는 실수를 할 수도 있으니까요. 거
래 상대에겐 공손하고 깨끗한 매너로 편견없이 대하는 것이 정석입니다.

A 请贵公司报价。
Qǐng guìgōngsī bàojià.
귀사에서 견적을 내 주시기 바랍니다.

B 数量要多少?
Shùliàng yào duōshao?
수량은 얼마나 되나요?

A 两万个。
Liǎngwàn ge.
이 만 개입니다.

B 颜色呢?
Yánsè ne?
색깔은요?

A 一半红色, 一半蓝色。
Yíbàn hóngsè, yíbàn lánsè.
반은 빨간색, 반은 파란색으로 해 주세요.

报价 bàojià 가격을 내다, 견적을 내다 　数量 shùliàng 수량 　颜色 yánsè 색깔

중국인들은 숫자 8을 가장 좋아해요

숫자 8은 '빠'라고 읽으며 '돈을 벌다'라는 뜻의 단어 '发财fācái'의 발음과 비슷하여 중국인들이 가장 좋아하는 숫자라고 합니다. 따라서 전화번호 등의 개인 번호를 가질 때는 꼭 8을 넣는 사람들이 많다고 하네요. 베이징 올림픽도 2008년에 열렸으니 중국인들이 얼마나 좋아했을지 상상이 됩니다. 따라서 계약서나 기타 연락처에 숫자를 정할 때 8을 넣어주는 것은 그들에게 좋은 이미지를 남길 수 있습니다.

A 一个集装箱能装多少个?

Yí gè jízhuāngxiāng néng zhuāng duōshao gè?

컨테이너 한 개에 얼마나 실리나요?

B 大概300个。

Dàgài sānbǎi ge.

대략 300개 정도요.

A 那运费怎么算?

Nà yùnfèi zěnme suàn?

그럼 운송비는 어떻게 계산합니까?

B 我们报的价格里面沒包括运费。

Wǒmen bào de jiàgé lǐmian méi bāokuò yùnfèi.

저희가 낸 견적에 운송비는 포함되어 있지 않습니다.

A 是吗? 好的。

Shì ma? Hǎo de.

그렇습니까? 좋습니다.

集装箱 jízhuāngxiāng 컨테이너   大概 dàgài 대략   算 suàn 계산하다   包括 bāokuò 포함하다
运费 yùnfèi 운송비

비즈니스에 성공하려면 고시를 한 편 외워두는 것도 좋아요

중국인들은 문화 사랑이 대단합니다. 특히 고시(古诗)에 대해서는 그 정도가 심할 정도로 자부심을 가지고 있다고 합니다. 초등학교 교과서나 TV의 유아 프로그램에서도 고시를 매일 가르칩니다. 이런 환경 속에서 자란 탓인지 술자리에서 여흥을 돋우기 위해 시를 한 편 외우는 것은 자주 있는 일입니다. 조금 민망하더라도 중국과의 비즈니스에서는 고시 한 편 외워서 중국인들에게 들려주면 좋은 이미지를 남길 수 있습니다.

A 您说说，我们怎么付款？
Nín shuōshuo, wǒmen zěnme fùkuǎn?
말씀해 보세요, 저희들이 어떤 방식으로 지불하면 됩니까?

B 开信用证。
Kāi xìnyòngzhèng.
신용장을 개설해 주세요.

A 收到货以后，在银行汇钱，行不行？
Shōudào huò yǐhòu, zài yínháng huìqián, xíng bu xíng?
물건을 받고 은행에 송금하면 안 될까요?

B 不行。
Bù xíng.
안 됩니다.

A 好吧，开信用证后马上发货，是吧？
Hǎo ba, kāi xìnyòngzhèng hòu mǎshàng fāhuò, shì ba?
좋습니다, 신용장을 개설하면 바로 물건을 보내주시는 거 맞죠?

付款 fùkuǎn 지불하다　开信用证 kāi xìnyòngzhèng 신용장을 개설하다　收货 shōuhuò 물건을 받다
汇钱 huìqián 송금하다　发货 fāhuò 물건을 보내다

비즈니스 Tip

방금 출발했는데요~ 라는 거짓말은 중국에도 있어요

바로 '差不多chàbuduō'라는 말입니다. 이 말의 사전적인 의미는 '거의 다 되었다'라는 뜻인데요, 이 말을 있는 그대로 받아들이면 실수를 할 수 있습니다. 특히 중국인과의 거래에서 주문한 물건이나 일들에 대한 진행 상황을 물어보게 되는데 좀 더 구체적으로 어디까지 진행이 된 것인지를 확인하는 것이 좋습니다. '얼마나 되어가나요?' 또는 '시간에 맞춰 납품할 수 있겠죠?'라는 말에 그저 '차부뚜어'라고 대답하는 중국사람들이 많으니, 정확한 날짜와 시간을 여러 번 주지시키거나 여러 번 체크해 두세요.

회의 후 간단한 식사나 술자리에서 상대 거래처
사람들과 즐겁게 어울리며 분위기를 맞출 수 있
는 센스있는 표현을 익힙니다.

PART

4

회식

| 분위기를 살리는 가벼운 대화 등 |

您先请。

Nín xiān qǐng.

먼저 드세요. (차에 먼저 타거나 음식을 먼저 권할 때)

중국어 회화에서 이 한 글자만 알아도 많은 표현을 할 수 있는데 그것이 바로 '请 qǐng'입니다. 이것은 존대말을 하려고 할 때 문장 앞부분에 자주 사용됩니다. 또 단독으로 사용할 수도 있습니다. 단, 약간의 손동작도 필요하겠지요. 음식을 먹을 때에도 '请 qǐng'이라고 하면서 손을 좀 움직이고, 자리를 권할 때, 입구에서 문을 열고 들어갈 때 등 거의 모든 상황에서 이 한 글자와 가벼운 손동작으로 많은 말을 할 수 있으니 유용한 글자라고 할 수 있습니다.

연습해 보세요

- 您先走吧。

  Nín xiān zǒu ba.

  먼저 가세요.

- 您先来。

  Nín xiān lái.

  먼저 드세요.

함께 알아두면 좋아요

- 请给我打电话。

  Qǐng gěi wǒ dǎ diànhuà.

  저에게 전화주세요.

- 请坐。

  Qǐng zuò.

  앉으세요.

- 请讲。

  Qǐng jiǎng.

  말씀하세요.

•어휘

走 zǒu 가다   给 gěi ~에게, 주다   打电话 dǎ diànhuà 전화를 하다   坐 zuò 앉다
讲 jiǎng 말하다

我们先去吃饭吧。
Wǒmen xiān qù chī fàn ba.

우리 먼저 식사를 하러 가지요!

어떤 사람을 만나서 같이 식사를 한다는 것은 가까워지기 전엔 쉽지 않은 일입니다. 특히 음식 문화를 중요하게 생각하는 중국사람들과의 식사는 더욱 그런데요. 그렇다고 대단한 격식을 지켜야 하는 것은 아닙니다. 식사를 같이 한다는 것 자체가 이미 당신을 좋은 친구로 받아들인 것이니, 편안하게 즐거운 시간을 보내시면 됩니다.

연습해 보세요

- 我们先去订房吧。
  Wǒmen xiān qù dìngfáng ba.
  우리 먼저 방을 예약합시다.

- 我们先去参观吧。
  Wǒmen xiān qù cānguān ba.
  우리 먼저 참관을 합시다.

함께 알아두면 좋아요

- 我们现在去哪儿?
  Wǒmen xiànzài qù nǎr?
  우리 지금 어디를 가나요?

- 吃简单一点儿。
  Chī jiǎndān yìdiǎnr.
  간단하게 먹죠.

- 不用去高级餐厅。
  Búyòng qù gāojí cāntīng.
  고급 음식점에 갈 필요 없습니다.

어휘

订房 dìngfáng 방을 예약하다   参观 cānguān 참관하다   简单 jiǎndān 간단하다
不用 búyòng ～할 필요가 없다   高级餐厅 gāojí cāntīng 고급 음식점

吃什么你决定吧。

Chī shénme nǐ juédìng ba.

뭘 먹을지 당신이 정해주세요.

중국인들과 음식을 즐기는 자리에선 아무래도 손님인 우리들에게 먹고 싶은 요리를 시키라고 합니다. 잘 모르는 한자만 수두룩하게 적혀있는 메뉴를 보면서 고개를 갸우뚱하지 마시고 중국인에게 그저 맛있는 것을 시켜달라고 하세요. 중국에선 원래 요리를 시키는 사람이 음식값을 계산하는 사람이라고 생각하시면 됩니다. 음식을 대접하면서 손님에게 요리까지 시키게 하는 번거로움을 덜어준다는 의미에서입니다.

연습해 보세요

- 怎么付款你决定吧。
  Zěnme fùkuǎn nǐ juédìng ba.
  어떻게 결제할지 당신이 정하세요.

- 什么时候交货你决定吧。
  Shénme shíhou jiāohuò nǐ juédìng ba.
  언제 납품할지 당신이 정하세요.

함께 알아두면 좋아요

- 您点菜。
  Nín diǎncài.
  요리를 시키세요.

- 今天我请客，你们想吃什么就吃什么。
  Jīntiān wǒ qǐngkè, nǐmen xiǎng chī shénme jiù chī shénme.
  오늘은 제가 대접을 할테니 드시고 싶은 것을 드세요.

- 我不太懂菜名。
  Wǒ bú tài dǒng càimíng.
  저는 요리이름을 잘 모릅니다.

어휘

决定 juédìng 결정하다   点菜 diǎncài 요리를 시키다   今天 jīntiān 오늘   请客 qǐngkè 한턱내다
不太 bú tài 그다지~하지 않다   懂 dǒng 이해하다, 알다   菜名 càimíng 요리이름

我不会喝酒，能不能以茶代酒？
Wǒ bú huì hē jiǔ, néng bu néng yǐ chá dài jiǔ?

전 술을 못 마시는데 차로 대신하면 안 될까요?

중국인들과 비즈니스에서 술이 빠져서는 안 된다고 많이 알고 계시죠? 일에 관한 이야기는 아주 짧게 하고 실제로 술자리가 더 길어지는 경우도 있습니다. 비록 저녁이 아니고 낮이라고 해도 술이 빠지지 않습니다. 어떤 면으로 보면 중국인들에게 거래는 곧 사람과의 거래이니 믿을만한 사람이냐 아니냐에 초점을 맞추기에 그 사람을 살피려는 술자리가 중요한 것이 아닐까 하는 것이 제 생각입니다.

연습해 보세요

• 我不会开车，能不能送我去？
Wǒ bú huì kāichē, néng bu néng sòng wǒ qù?
전 운전을 할 줄 모르니 데려다 주실 수 있나요?

• 我不太会说汉语，能不能和我一起去？
Wǒ bú tài huì shuō Hànyǔ, néng bu néng hé wǒ yìqǐ qù?
전 중국어를 잘 하지 못하니, 저와 같이 가 줄 수 있습니까?

함께 알아두면 좋아요

• 茶七饭八酒满嘛，倒满吧。
Chá qī fàn bā jiǔ mǎn ma, dàomǎn ba.
'차는 70%, 밥은 80%, 술은 가득' 아닙니까? 가득 따라주세요.

• 您的酒量怎么样？
Nín de jiǔliàng zěnmeyàng?
당신의 주량은 어때요?

• 我不能喝白酒，喝啤酒怎么样？
Wǒ bù néng hē báijiǔ, hē píjiǔ zěnmeyàng?
전 고량주를 마시질 못하는데 맥주를 마시는 것은 어떻습니까?

어휘

以茶代酒 yǐ chá dài jiǔ 차로 술을 대신하다　　开车 kāichē 운전하다
不太会 bú tài huì 그다지~잘 하지 못하다　　酒量 jiǔliàng 주량　　怎么样 zěnmeyàng 어때요
白酒 báijiǔ 고량주　　啤酒 píjiǔ 맥주

辣的沒问题，我来尝尝。
Là de méi wèntí, wǒ lái chángchang.

매운 것은 괜찮습니다, 한 번 맛 볼까요.

중국인들은 한국 사람들이 매운 것을 아주 좋아한다고 생각합니다. 하지만 우리 국민 모두 매운 것을 즐기지는 않지요. 혹시라도 매운 것을 잘 못 드시는 분들은 반드시 매운 것을 좋아하지 않는다고 말씀하세요. '尝 cháng'은 '맛보다'의 뜻을 가지고 있습니다. 단 이것은 먹는 것이 아니라 '맛본다'라는 뜻만이 있어 일반적으로 '먹는다'라는 의미로 쓸 땐 어울리지 않습니다.

연습해 보세요

- 冷的沒问题，我来尝尝。
  Lěng de méi wèntí, wǒ lái chángchang.
  차가운 것은 괜찮으니, 한 번 맛 볼까요.

- 酸的沒问题，我来尝尝。
  Suān de méi wèntí, wǒ lái chángchang.
  신 것은 괜찮으니, 한 번 맛 볼까요.

함께 알아두면 좋아요

- 味道好极了。
  Wèidao hǎo jí le.
  맛이 아주 좋습니다.

- 我爱吃清淡的。
  Wǒ ài chī qīngdàn de.
  전 담백한 것을 즐겨 먹습니다.

- 我喜欢吃四川菜的辣味儿。
  Wǒ xǐhuan chī Sìchuān cài de làwèir.
  전 쓰촨요리의 매운 맛을 좋아합니다.

어휘

辣 là 맵다　　尝 cháng 맛보다　　冷 lěng 차갑다, 춥다　　酸 suān 시다　　沒问题 méi wèntí 문제없다
味道 wèidao 맛　　爱吃 ài chī 즐겨먹다　　清淡 qīngdàn 담백하다　　四川 Sìchuān 쓰촨(지명)
辣味儿 làwèir 매운 맛

这个怎么用?
Zhè ge zěnme yòng?

이것은 어떻게 사용하나요?

'用 yòng'은 '사용하다'라는 의미로 우리에게도 익숙합니다. 중국어에서는 '먹다'라는 뜻도 있습니다. 이 말은 '수저 드시죠'라는 말을 생각하면 이해가 쉽습니다. 중국에서는 음식을 먹을 때 젓가락을 이용하는데 '사용하다'는 뜻의 '用'은 젓가락을 이용하라는 뜻, 즉 음식을 먹으라는 의미입니다. 처음 만나는 사람과의 약간은 격식을 차려야 한다면 '吃 chī' 보다는 '用 yòng'이 훨씬 예의있게 들립니다.

연습해 보세요

• 这个汉字怎么读?
  Zhè ge Hànzì zěnme dú?
  이 한자는 어떻게 읽죠?

• 这个地方怎么去?
  Zhè ge dìfang zěnme qù?
  이곳은 어떻게 가죠?

함께 알아두면 좋아요

• 我很喜欢中国的文化。
  Wǒ hěn xǐhuan Zhōngguó de wénhuà.
  전 중국 문화를 좋아합니다.

• 我对中国历史很感兴趣。
  Wǒ duì Zhōngguó lìshǐ hěn gǎn xìngqù.
  전 중국 역사에 관심이 많습니다.

• 我对古董特感兴趣。
  Wǒ duì gǔdǒng tè gǎn xìngqù.
  전 골동품에 특히 관심이 많습니다.

•어휘

这个 zhè ge 이것　怎么 zěnme 어떻게　读 dú 읽다　对 duì ~대하여　历史 lìshǐ 역사
感兴趣 gǎn xìngqù 관심이 많다, 좋아한다　古董 gǔdǒng 골동품

这儿有什么好玩儿的地方?
Zhèr yǒu shénme hǎowánr de dìfang?

여기 볼만한 곳이 어디인가요?

출장을 가서 시간이 조금이라도 남으면 현지의 유명한 곳을 한 번 들러보게 됩니다. 이때 가능하다면 출장을 가시기 전에 그 곳에 대한 정보를 알고 가서, 현지 중국인들에게 구체적인 지역에 가 보자고 하는 것이 좋습니다. 현지 사람들이 권하는 곳 중에서 우리의 취향과 맞지 않은 곳이 있기 때문입니다.

연습해 보세요

- **这儿什么东西有名?**
  Zhèr shénme dōngxi yǒumíng?
  여기 어떤 물건이 유명합니까?

- **这儿什么牌子最受欢迎?**
  Zhèr shénme páizi zuì shòu huānyíng?
  어떤 브랜드가 가장 인기가 있습니까?

함께 알아두면 좋아요

- **我想买一些这儿的特产。**
  Wǒ xiǎng mǎi yìxiē zhèr de tèchǎn.
  전 이곳의 특산품을 사고 싶습니다.

- **这附近有韩国饭店吗?**
  Zhè fùjìn yǒu Hánguó fàndiàn ma?
  이 근처에 한국 식당이 있나요?

- **我想看京剧。**
  Wǒ xiǎng kàn jīngjù.
  전 경극을 보고 싶습니다.

어휘

好玩儿 hǎowánr 재미있다, 볼만하다   地方 dìfang 장소   牌子 páizi 브랜드
受欢迎 shòu huānyíng 인기있다   想 xiǎng ~하고 싶다   买 mǎi 사다   一些 yìxiē 일부, 조금
特产 tèchǎn 특산품   附近 fùjìn 부근   京剧 jīngjù 경극

这儿是一个很漂亮的地方。

Zhèr shì yí ge hěn piàoliang de dìfang.

이 곳은 정말로 아름다운 곳이네요.

'漂亮 piàoliang'은 상당히 다양하게 쓰이는 형용사 중 하나입니다. 이와 같이 풍경이 아름다운 곳을 말하기도 하고 아름다운 여인이나 아름다운 이야기, 운동경기의 멋진 장면에도 쓸 수 있습니다. 또 상대방이 순간적으로 멋진 말을 던졌을 때에도 씁니다.

연습해 보세요

- 这儿是一个很神秘的地方。
  Zhèr shì yí ge hěn shénmì de dìfang.
  이 곳은 신비로운 곳입니다.

- 这儿是一个很有名的地方。
  Zhèr shì yí ge hěn yǒumíng de dìfang.
  이 곳은 유명한 곳입니다.

함께 알아두면 좋아요

- 这里的人很亲切。
  Zhè lǐ de rén hěn qīnqiè.
  이 곳 사람들은 친절합니다.

- 这里的空气很好。
  Zhè lǐ de kōngqì hěn hǎo.
  이 곳은 공기가 좋습니다.

- 这儿堵车堵得厉害。
  Zhèr dǔ chē dǔ de lìhai.
  이 곳은 차가 심하게 막힙니다.

어휘

漂亮 piàoliang 아름답다   神秘 shénmì 신비롭다   有名 yǒumíng 유명하다   亲切 qīnqiè 친절하다
空气 kōngqì 공기   堵车 dǔ chē 차가 막히다   厉害 lìhai (정도가)심하다

我能见一下你们的总经理吗?
Wǒ néng jiàn yíxià nǐmen de zǒngjīnglǐ ma?

제가 귀사의 사장님을 뵐 수 있을까요?

문장에서 동사 뒤에 '一下 yíxià'가 나오면 그 동작을 '좀 해 볼까요', '하시죠'의 공손한 어감이 됩니다. 여기서는 사장님을 뵐려고 하니 당연히 이런 표현을 써야겠지요! 또 사장님이란 호칭으로 '总经理 zǒngjīnglǐ'는 '책임자'라는 뜻의 '经理 jīnglǐ' 중의 최고 책임자라는 것이 되고요. '董事长 dǒngshìzhǎng'이란 말은 이사장이란 말이 됩니다.

연습해 보세요

- 我能见一下王秘书吗?
  Wǒ néng jiàn yíxià Wáng mìshū ma?
  왕비서를 만날 수 있을까요?

- 我能见一下人事部经理吗?
  Wǒ néng jiàn yíxià rénshìbù jīnglǐ ma?
  인사부의 책임자를 만날 수 있을까요?

함께 알아두면 좋아요

- 请问, 李主任在吗?
  Qǐngwèn, Lǐ zhǔrèn zài ma?
  말씀 좀 묻겠습니다, 이주임님 계십니까?

- 您是…王科长吗?
  Nín shì… Wáng kēzhǎng ma?
  당신은 왕과장님이십니까?

- 第一次见面, 久仰久仰!
  Dì yī cì jiànmiàn, jiǔyǎng jiǔyǎng!
  처음 뵙습니다. 말씀 많이 들었습니다.

어휘

总经理 zǒngjīnglǐ CEO, 총지배인　　人事部 rénshìbù 인사부　　主任 zhǔrèn 주임
科长 kēzhǎng 과장　　第一次 dì yī cì 첫 번째　　见面 jiànmiàn 만나다

明天早上8点在饭店大厅等您。

Míngtiān zǎoshang bā diǎn zài fàndiàn dàtīng děng nín.

내일 아침 8시에 호텔 로비에서 기다리겠습니다.

'在A(장소)等B(사람)'은 'A에서 B를 기다린다'는 뜻으로, 중국어에서 많이 쓰이는 표현 중의 하나입니다. 또 약속을 할 때 많이 쓰일 수 있는 말 중 하나이구요. 중국어의 회화문에서는 간혹 어순이 달라지기도 합니다. 약속을 정할 때엔 반드시 기억해 두세요.

연습해 보세요

• 星期二下午3点在机场等您。
Xīngqī'èr xiàwǔ sān diǎn zài jīchǎng děng nín.
화요일 오후 3시에 공항에서 당신을 기다리겠습니다.

• 下个月5号在总公司等您。
Xià ge yuè wǔ hào zài zǒnggōngsī děng nín.
다음 달 5일 본사에서 당신을 기다리겠습니다.

함께 알아두면 좋아요

• 明天几点开会?
Míngtiān jǐ diǎn kāihuì?
내일 몇 시에 회의를 시작합니까?

• 明天早上一起吃早餐吧。
Míngtiān zǎoshang yìqǐ chī zǎocān ba.
내일 아침 같이 아침 식사를 하시죠.

• 今天您辛苦了, 回去好好休息。
Jīntiān nín xīnku le,   huíqù hǎohao xiūxī.
오늘 수고하셨습니다, 돌아가서 푹 쉬세요.

어휘

机场 jīchǎng 공항   总公司 zǒnggōngsī 본사   开会 kāihuì 회의를 하다   一起 yìqǐ 함께, 같이
早餐 zǎocān 아침 식사   辛苦了 xīnku le 고생하셨습니다   回去 huíqù 돌아가다
好好 hǎohao 잘, 열심히   休息 xiūxī 쉬다

A 我们去吃饭吧。
Wǒmen qù chī fàn ba.
식사하러 가시죠.

B 今天我请客。
Jīntiān wǒ qǐngkè.
오늘은 제가 한턱 냅니다.

A 那怎么行呢？你是客人嘛!
Nà zěnme xíng ne? Nǐ shì kèrén ma!
어떻게 그럴 수가 있어요? 당신은 손님 아닙니까!

下次请我吧。今天由我来安排。
Xiàcì qǐng wǒ ba. Jīntiān yóu wǒ lái ānpái.
다음 번에 한턱 내세요. 오늘은 제가 모실게요.

B 下次我请您。
Xiàcì wǒ qǐng nǐ.
다음엔 제가 당신을 모시겠습니다.

吃饭 chī fàn 밥 먹다, 식사하다   请客 qǐngkè 한턱내다, 초대하다   客人 kèrén 손님
由 yóu ~이, ~가(동작의 주체를 나타냄)   下次 xiàcì 다음, 다음번

거래처 중국인이 적극 추천해주는 음식은 조금 생각해보는 것이 좋습니다

중국 식당에 가서 무엇을 먹어야 좋을지 모를 때, 거래처 직원이 몇가지 추천을 하기도 하는데 이때 이
것을 100% 받아들이기 보다는 한국 음식과 비슷한 것을 고르는 것이 뒷탈이 적습니다. 가격문제가
아니라 음식이 우리 입맛에 맞지 않는 경우가 너무나도 많기 때문이죠. 그냥 맛없는 정도가 아니라 경
우에 따라서는 비위를 거슬릴 수도 있기 때문입니다. 즐거운 회식 자리가 입맛에 맞지 않는 음식 때문
에 망쳐져서는 곤란하겠죠.

A 明天怎么安排呢?

Míngtiān zěnme ānpái ne?

내일 일정은 어떻게 됩니까?

B 明天早上9点我们派车接你们。

Míngtiān zǎoshàng jiǔ diǎn wǒmen pài chē jiē nǐmen.

내일 오전 9시에 우리가 차를 보내서 당신들을 모시겠습니다.

A 好的, 谢谢您。

Hǎo de,   xièxiè nín.

네, 고맙습니다.

B 不用客气。

Búyòng kèqi.

별말씀을요.

A 那明天见。

Nà míngtiān jiàn.

그럼 내일 뵙겠습니다.

明天 míngtiān 내일 派 pài 보내다 接 jiē 마중하다 不用 búyòng 필요없다

중국의 회식자리에서는 2차, 3차가 없으니 웬만하면 한 곳에서 쭉 드세요

우리나라 사람들은 여기저기 옮겨 다니면서 술을 마시는 문화가 일반적입니다. 1차로 소주, 2차로 맥주, 3차로 와인 등등 말이죠. 그러나 중국인들은 이렇게 여러 곳으로 자리를 이동하여 마시기 보다는 한 곳에서 끝내는 경우가 많습니다. 그래서 식당마다 많은 손님이 들어갈 수 있는 단체방과 노래방 시설이 구비되어 있는 곳이 있구요. 귀찮기도 하거니와 느긋한 식사를 즐기기 때문에 빨리 마시고 빨리 접는 술자리를 좋아하지 않는다고 하니, 거래처와 식사를 하거나 회식을 할 때는 마음에 드는 식당에서 그냥 쭉 자리잡고 앉아있는 편이 좋습니다.

거래 및 계약을 마친 후의 감사 인사 및 호텔 체크아웃, 비상시에 쓸 수 있는 간단한 표현을 익힙니다.

PART 5

귀국

| 감사 인사, 호텔 체크아웃 및 비상시 질문 등 |

46

我要退房。
Wǒ yào tuìfáng.

체크아웃을 하려고 합니다.

중국어 초급자의 입에서 많이 나오는 말 중 하나가 바로 '要 yào'입니다. 이 말은 다양한 뜻이
있어서 그렇기도 합니다. 일반적으로 '~하기를 원하다'가 대표적인 뜻으로 강한 어조의 '해야
한다'라는 뜻도 되고, 그렇지 않고 약간 돌려서 말하는 '하고 싶다'가 되기도 합니다.

연습해 보세요

• 我要订回去的机票。
Wǒ yào dìng huíqù de jīpiào.
전 돌아갈 비행기표를 예약하려고 합니다.

• 我要收拾行李。
Wǒ yào shōushi xíngli.
전 짐을 정리하려고 합니다.

함께 알아두면 좋아요

• 给您押金单。
Gěi nín yājīndān.
당신에게 (숙박) 보증금 영수증을 드립니다.

• 我们喝了两瓶啤酒。
Wǒmen hēle liǎng píng píjiǔ.
우리는 맥주 두 병을 마셨습니다. (호텔에서 방안의 미니바를 이용하는 경우)

• 给您信用卡。
Gěi nín xìnyòngkǎ.
신용카드를 드리지요.

어휘

退房 tuìfáng 방을 빼다, 체크아웃하다   收拾 shōushi 정리하다   押金单 yājīndān 보증금 영수증
啤酒 píjiǔ 맥주   信用卡 xìnyòngkǎ 신용카드

这附近有医院吗?

Zhè fùjìn yǒu yīyuàn ma?

이 근처에 병원이 있나요?

'附近 fùjìn'과 우리말 한자어가 같습니다. 발음도 비슷하고요. 공항이나 어느 곳에서든 갑자기 몸이 아프게 된다면 병원을 찾아가야겠지요. 말이 안 통해도 상대가 의사인데 약간의 몸동작이면 진단을 받을 수 있겠지요. 우리는 병원이나 의료원이란 말을 주로 쓰는데 중국에선 의원이라는 말을 쓴다는 것이 좀 다릅니다.

연습해 보세요

• 这附近有公用电话吗?
  Zhè fùjìn yǒu gōngyòng diànhuà ma?
  이 근처에 공중전화 있나요?

• 这附近有公共汽车站吗?
  Zhè fùjìn yǒu gōnggòngqìchē zhàn ma?
  이 근처에 버스 정류장 있나요?

함께 알아두면 좋아요

• 这附近有药店吗?
  Zhè fùjìn yǒu yàodiàn ma?
  이 근처에 약국이 있나요?

• 这是免税店吗?
  Zhè shì miǎnshuìdiàn ma?
  여기가 면세점입니까?

• 什么时候开始登机?
  Shénme shíhou kāishǐ dēngjī?
  몇 시에 탑승합니까?

어휘

附近 fùjìn 부근, 근처　　医院 yīyuàn 병원　　公用电话 gōngyòng diànhuà 공중전화
公共汽车站 gōnggòngqìchē zhàn 버스정류장　　免税店 miǎnshuìdiàn 면세점　　开始 kāishǐ 시작하다
登机 dēngjī (비행기에)탑승하다

在哪儿可以坐机场大巴?
Zài nǎr kěyǐ zuò jīchǎng dàbā?

어디서 공항버스를 타나요?

중국에서는 영어식의 외래어를 잘 안 쓰는 편이지만 최근 들어서는 꼭 그렇지가 않습니다. '버스' 라는 말도 중국식으로 '公共汽车 gōnggòngqìchē'라는 말이 있는데, 최근엔 '버스'라고 하는 발음과 비슷한 한자를 이용하여 '巴士 bāshi'라고 하거나, 버스가 일반차보다 크니까 '大巴 dàbā'라고 하기도 합니다. 중국 특유의 제조법으로 만든 외래어가 재미있지 않나요?

연습해 보세요

- **在哪儿登机?**
  Zài nǎr dēngjī?
  어디서 탑승을 하지요?

- **在哪儿填入境卡?**
  Zài nǎr tián rùjìngkǎ?
  어디서 입국카드를 작성하지요?

함께 알아두면 좋아요

- **最近的公共汽车站在哪儿?**
  Zuìjìn de gōnggòngqìchē zhàn zài nǎr?
  가장 가까운 버스 정류장이 어디죠?

- **到机场要多少钱?**
  Dào jīchǎng yào duōshao qián?
  공항까지 가는데 얼마죠?

- **几点开车?**
  Jǐ diǎn kāichē?
  몇 시에 차가 출발해요?

어휘

机场大巴 jīchǎng dàbā 공항버스   登机 dēngjī 탑승하다   填 tián 기입하다
入境卡 rùjìngkǎ 입국카드   最近 zuìjìn 가장 가깝다   公共汽车站 gōnggòngqìchē zhàn 버스 정류장
哪儿 nǎr 어디   开车 kāichē 차가 출발하다

这两天谢谢你们的关照。
Zhè liǎngtiān xièxiè nǐmen de guānzhào.

요며칠 여러분들의 호의에 감사드립니다.

'两天 liǎng tiān'을 직역하면 48시간, 즉 이틀입니다. 하지만 중국어에서 '两天'은 이틀이 아니고 일정한 시간을 말합니다. 그래서 해석을 할 때에도 그저 며칠이라고 합니다. 물론 아주 긴 시간을 말하지는 않습니다. 보통 2~3일, 길어야 일주일을 넘지는 않습니다. 지나치게 해석을 완벽히 해서 이것을 이틀로 보는 실수를 하지 마세요.

연습해 보세요

• 谢谢你们的热情接待。
Xièxiè nǐmen de rèqíng jiēdài.
이렇게 따뜻하게 맞아주셔서 고맙습니다.

• 谢谢你们的耐心讲解。
Xièxiè nǐmen de nàixīn jiǎngjiě.
힘드신데도 끝까지 설명해 주셔서 고맙습니다.

함께 알아두면 좋아요

• 这两天很舒服。
Zhè liǎngtiān hěn shūfu.
요며칠 편안했습니다.

• 这次没见到老板，代我向他问好。
Zhècì méi jiàndào lǎobǎn, dài wǒ xiàng tā wènhǎo.
이번에 사장님을 만나지 못했는데 저 대신 안부 전해 주세요.

• 那就在这儿吧。
Nà jiù zài zhèr ba.
그럼 여기까지 하시죠!

어휘

这两天 zhè liǎngtiān 요며칠　　关照 guānzhào 돌보다　　热情 rèqíng 열정적이다, 열렬하다
接待 jiēdài 접대하다　　耐心 nàixīn 인내심이 있다　　讲解 jiǎngjiě 해설하다　　舒服 shūfu 편안하다
这次 zhècì 이번　　老板 lǎobǎn 사장님

希望你们有时间来韩国玩儿。
Xīwàng nǐmen yǒu shíjiān lái Hánguó wánr.

시간나면 한국에 놀러오시기를 바랍니다.

'시간 있으면 ~하다' 형태의 문장도 자주 사용되는데 중국어에서의 표현도 비슷합니다. '有时间 yǒu shíjiān' ~ 입니다. '时间 shíjiān'은 틈, 짬 등의 뜻으로 '空 kòng'을 쓰기도 합니다. 특히 空 은 중국어 특유의 혀를 구부린 얼화음을 이용하여 '空儿 kòngr'이라고 주로 합니다. 정말 자주 쓰이는 표현으로 꼭 기억해 두세요.

연습해 보세요

• 希望你们有时间来我们公司考察。
Xīwàng nǐmen yǒu shíjiān lái wǒmen gōngsī kǎochá.
시간 있으시면 우리 회사를 시찰하시기를 바랍니다.

• 希望你们有时间来我们工厂参观。
Xīwàng nǐmen yǒu shíjiān lái wǒmen gōngchǎng cānguān.
시간 있으시면 우리 공장을 참관하시기를 바랍니다.

함께알아두면 좋아요

• 您去过韩国吗?
Nín qùguo Hánguó ma?
당신은 한국에 가 본 적이 있나요?

• 你什么时候来都行。
Nǐ shénme shíhou lái dōu xíng.
언제 오셔도 좋습니다.

• 您来韩国我陪您逛逛。
Nín lái Hánguó wǒ péi nín guàngguang.
한국에 오시면 제가 모시고 다니겠습니다.

•어휘

希望 xīwàng 희망하다, 바라다   考察 kǎochá 시찰하다   参观 cānguān 참관하다
什么时候 shénme shíhou 언제   行 xíng 가능하다, 되다   陪 péi 모시다   逛 guàng 구경하다

A 我要退房。
Wǒ yào tuìfáng.
체크아웃을 하려고 합니다.

B 好的，请给我押金单。
Hǎo de, qǐng gěi wǒ yājīndān.
네, 보증금 영수증을 저에게 주세요.

A 这儿，给您。
Zhèr, gěi nín.
여기 있습니다. 드리지요.

B 稍等一下，1234号退房。
Shāo děng yíxià, 1234 hào tuìfáng.
잠깐 기다리세요. 1234호 체크아웃입니다.

退房 tuìfáng 방을 빼다, 체크아웃하다　　押金单 yājīndān 보증금 영수증
稍等一下 shāo děng yíxià 잠깐 기다리세요

비즈니스 Tip

호텔에 묵을 때는 보증금을 내요

우리가 보통 특급호텔에 묵을 때 내는 '디파짓(deposit)'과 같은 개념입니다. 중국의 숙박업소는 여인
숙부터 특급호텔까지 모두 이 보증금이라는 것을 받는데요, 숙박비용 외에 따로 돈을 더 냅니다. 물론
나중에 체크아웃 할 때 룸 서비스 비용을 제외하고 돌려주므로 호텔 체크인 시 호텔에서 주는 보증금
영수증을 꼭 잘 챙겨 두세요. 중국에 출장가면 우리나라에는 없는 이런 제도에 놀라는 분도 있는데
요, 로마에 가면 로마법을 따르듯이 중국에 가면 중국의 이런 제도에 따라주어야 함은 당연합니다.

A 这两天谢谢你们的关照。

Zhè liǎngtiān xièxiè nǐmen de guānzhào.

요며칠 보살펴 주셔서 감사합니다.

B 哪里哪里。

Nǎlǐ nǎlǐ.

별말씀을요.

A 希望你们有时间来韩国玩儿。

Xīwàng nǐmen yǒu shíjiān lái Hánguó wánr.

시간 있으시면 한국에 놀러오시길 바라겠습니다.

B 好，有机会一定去。

Hǎo, yǒu jīhuì yídìng qù.

네, 기회가 있으면 꼭 가겠습니다.

A 欢迎你们到韩国来。

Huānyíng nǐmen dào Hánguó lái.

당신들이 한국에 오시는 것을 환영합니다.

这两天 zhè liǎngtiān 요며칠　　关照 guānzhào 돌보다　　希望 xīwàng 바라다

机会 jīhuì 기회　　欢迎 huānyíng 환영하다

비즈니스 Tip

선물할 때 웬만하면 우산과 시계는 주지 마세요

우리도 애인 사이에 신발 선물하면 헤어진다는 속설이 있죠. 중국에서도 이러한 금기 품목이 있는데 그 중에서 가장 널리 알려진 것은 시계와 우산입니다. 시계는 '钟zhōng' 우산은 '伞sǎn'이라고 하는데, 시계는 '끝나다'라는 뜻의 '终zhōng'이라는 발음과 비슷해서 '상대와의 관계를 끝낸다'라는 뜻으로 생각해 피합니다. 시계를 선물하면 마치 그 사람과의 관계가 거기서 멈출 수 있다는 것에 대한 염려 때문이겠지요. '散sàn'도 마찬가지로 우산과 발음이 비슷한데 이것도 '헤어진다'라는 의미가 있어서 피한다고 하네요.

我们三月十五号去
Wǒmen sān yuè shíwǔ hào qù

你们那儿。
nǐmen nàr.

우리는 3월 15일에 귀사에
방문하려고 합니다.

我们的飞机是上午
Wǒmen de fēijī shì shàngwǔ

10点的。
shí diǎn de.

우리는 오전 10시 비행기를
탑니다.

请帮我们订一下房，
Qǐng bāng wǒmen dìng yíxià fáng,

可以吗？
kěyǐ ma?

우리를 위해서 방을 예약
해 주실 수 있나요?

你们能不能来机场
Nǐmen néng bu néng lái jīchǎng

接我们？
jiē wǒmen?

공항으로 우리를 마중
나올 수 있나요?

我的行李不见了。
Wǒ de xíngli bú jiàn le.

내 짐이 보이지 않아요.

我想把美元换成人民币。
Wǒ xiǎng bǎ Měiyuán huànchéng
Rénmínbì.

전 미국달러를 중국인민폐
로 바꾸고 싶어요.

我现在正在去贵公司的路
Wǒ xiànzài zhèngzài qù guìgōngsī de lù

上，到了就给你们打电话。
shang, dàole jiù gěi nǐmen dǎ diànhuà.

전 지금 귀사로 가는 길입
니다, 도착하면 전화드릴게
요.

师傅，请去宾国大酒店。
Shīfu,　　Qǐng qù Bīnguó Dàjiǔdiàn.

기사님, 빈국호텔로 가 주
세요.

怎么快怎么走吧。
Zěnme kuài zěnme zǒu ba.

제일 빠른 길로 가 주세요.
(택시나 승용차 탑승 시)

请问，韩国大使馆在
Qǐngwèn, Hánguó Dàshǐguǎn

哪儿?
zài nǎr?

말씀 좀 묻겠습니다. 한국
대사관이 어디인가요?

认识您很高兴。
Rènshi nín hěn gāoxìng.

만나서 반갑습니다.

您是龙江公司的职员吗?
Nín shì Lóngjiāng Gōngsī de zhíyuán
ma?

당신은 롱장 회사의 직원입
니까?

不好意思，能给我一张您
Bù hǎoyìsi, néng gěi wǒ yì zhāng nín

的名片吗?
de míngpiàn ma?

실례합니다만,
저에게 명함 한 장 주실 수
있습니까?

王老板他好吗?
Wáng lǎobǎn tā hǎo ma?

왕사장님은 안녕하신지요?

到公司要多长时间?
Dào gōngsī yào duōcháng shíjiān?

회사까지 얼마나 걸립니
까?

对不起，我来晚了，
Duìbuqǐ,　　 wǒ láiwǎn le,

路上堵车堵得很厉害。
lù shang dǔ chē dǔ de hěn lìhai.

죄송합니다,
차가 너무 밀려 늦었습니다.

我们现在正在开会。
Wǒmen xiànzài zhèngzài kāihuì.

우리는 지금 회의중입니다.

对不起，我的汉语不太好，
Duìbuqǐ,　　 wǒ de Hànyǔ bú tài hǎo,

请说慢一点儿。
qǐng shuō màn yìdiǎnr.

죄송합니다,
제 중국어 실력이 좋지
않으니, 천천히 말씀해
주세요.

向您介绍一下，我们公司是国內
Xiàng nín jièshào yíxià, wǒmen gōngsī shì guónèi

最有名的电子公司之一。
zuì yǒumíng de diànzǐ gōngsī zhī yī.

당신에게 소개해 드리지
요, 우리는 국내에서 가장
유명한 전자 회사 중의 한
곳입니다.

我们的产品有极好的品质，
Wǒmen de chǎnpǐn yǒu jíhǎo de pǐnzhì,

价格也非常适中。
jiàgé yě fēicháng shìzhōng.

우리 물건은 품질이 좋은
것은 물론이고 가격도 적
당합니다.

我们的主打产品是电子
Wǒmen de zhǔdǎ chǎnpǐn shì diànzǐ

产品。
chǎnpǐn.

우리의 주력상품은 전자제품입니다.

这是新商品。
Zhè shì xīnshāngpǐn.

이것은 신상품입니다.

我们能不能到车间看看?
Wǒmen néng bu néng dào chējiān
kànkan?

작업장을 좀 볼 수 있을까요?

请贵公司报价。
Qǐng guìgōngsī bàojià.

귀사의 견적서를 원합니다.

我们要一半儿红色的，
Wǒmen yào yíbànr hóngsè de,

一半儿蓝色的。
yíbànr lánsè de.

절반은 빨간색,
절반은 파란색을 원합니다.

一个集装箱能装多少?
Yí ge jízhuāngxiāng néng zhuāng
duōshao?

컨테이너 하나에 몇 개를
실을 수 있나요?

如果我们要10,000 个是
Rúguǒ wǒmen yào yíwàn ge shì
什么价?
shénme jià?

만 개를 주문하면 가격이
어떻게 됩니까?

我保证付款不会迟于
Wǒ bǎozhèng fùkuǎn bú huì chí yú
4月底。
sì yuèdǐ.

4월말까지 결제하는 것을
보장합니다.

怎么付款?
Zěnme fùkuǎn?

어떤 방식으로 결제할
까요?

一个大概500块钱。
Yí ge dàgài wǔbǎi kuài qián.

대략 한 개에 500위안
정도입니다.

什么时候能发货?
Shénme shíhou néng fāhuò?

언제 물건을 보낼 수 있습
니까?

请尽快寄给我们样品。
Qǐng jǐnkuài jì gěi wǒmen yàngpǐn.

가능한 한 빨리 샘플을 보
내주세요.

怎么赔偿损失?
Zěnme péicháng sǔnshī?

어떻게 손해 배상을 할 건
가요?

我公司不能接受贵公司的
Wǒ gōngsī bù néng jiēshòu guìgōngsī de
要求。
yāoqiú.

우리 회사는 귀사의 요구
를 받아들일 수 없습니다.

希望我们合作愉快。
Xīwàng wǒmen hézuò yúkuài.

좋은 거래가 되길 바랍니다.

您先请。
Nín xiān qǐng.

먼저 드세요.
(차에 먼저 타거나 음식을
먼저 권할 때)

我们先去吃饭吧。
Wǒmen xiān qù chī fàn ba.

우리 먼저 식사를 하러 가
지요!

吃什么你决定吧。
Chī shénme nǐ juédìng ba.

뭘 먹을지 당신이 정해주
세요.

我不会喝酒,
Wǒ bú huì hē jiǔ,

能不能以茶代酒?
néng bu néng yǐ chá dài jiǔ?

전 술을 못 마시는데 차로
대신하면 안 될까요?

辣的沒问题, 我来尝尝。
Là de méi wèntí, wǒ lái chángchang.

매운 것은 괜찮습니다,
한 번 맛 볼까요.

这个怎么用?
Zhè ge zěnme yòng?

이것은 어떻게 사용하나요?

这儿有什么好玩儿的地方?
Zhèr yǒu shénme hǎowánr de dìfang?

여기 볼만한 곳이 어디인가
요?

这儿是一个很漂亮的地方。
Zhèr shì yí ge hěn piàoliang de dìfang.

이 곳은 정말로 아름다운
곳이네요.

我能见一下你们的总经理
Wǒ néng jiàn yíxià nǐmen de zǒngjīnglǐ

吗?
ma?

제가 귀사의 사장님을 뵐
수 있을까요?

明天早上8点在饭店
Míngtiān zǎoshang bā diǎn zài fàndiàn

大厅等您。
dàtīng děng nín.

내일 아침 8시에 호텔 로비
에서 기다리겠습니다.

我要退房。
Wǒ yào tuìfáng.

체크아웃을 하려고 합니다.

这附近有医院吗?
Zhè fùjìn yǒu yīyuàn ma?

이 근처에 병원이 있나요?

在哪儿可以坐机场大巴?
Zài nǎr kěyǐ zuò jīchǎng dàbā?

어디서 공항버스를 타나요?

这两天谢谢你们的关照。
Zhè liǎngtiān xièxiè nǐmen de guānzhào.

요며칠 여러분들의 호의에 감사드립니다.

希望你们有时间来韩国
Xīwàng nǐmen yǒu shíjiān lái Hánguó

玩儿。
wánr.

시간나면, 한국에 놀러 오시기를 바랍니다.